imaginist

想象另一种可能

理想国
imaginist

改变日本生活的男人

日本の暮しをかえた男
花森安治伝

花森安治传

［日］津野海太郎 著　毛叶枫 译

书海出版社

HANAMORI YASUJI DEN: NIHON NO KURASHI WO KAETA OTOKO by Kaitaro Tsuno
Copyright © Kaitaro Tsuno 2016
All rights reserved.
Original Japanese edition published by SHINCHOSHA Publishing Co., Ltd.
This Simplified Chinese language edition is published by arrangement with
SHINCHOSHA Publishing Co., Ltd., Tokyo in care of Tuttle-Mori Agency, Inc., Tokyo

版权合同登记号：图字04-2020-012号

图书在版编目（ＣＩＰ）数据

改变日本生活的男人：花森安治传 /（日）津野海太郎著；毛叶枫译. -- 太原：书海出版社，2020.12
ISBN 978-7-5571-0075-9

Ⅰ. ①改… Ⅱ. ①津… ②毛… Ⅲ. ①花森安治－传记 Ⅳ. ①K833.135.42

中国版本图书馆CIP数据核字（2020）第241662号

改变日本生活的男人——花森安治传

著　　者：[日]津野海太郎
译　　者：毛叶枫
责任编辑：张志杰
复　　审：刘小玲
终　　审：张文颖
装帧设计：鲁明静
内文制作：李丹华

出 版 者：山西出版传媒集团·书海出版社
地　　址：太原市建设南路21号
邮　　编：030012
发行营销：0351-4922220　4955996　4956039　4922127（传真）
天猫官网：https://sxrmcbs.tmall.com　电话：0351-4922159
E-mail：sxskcb@163.com　发行部 sxskcb@126.com　总编室
网　　址：www.sxskcb.com

经 销 者：山西出版传媒集团·书海出版社
承 印 厂：山东韵杰文化科技有限公司

开　　本：787mm×1092mm　1/32
印　　张：13.75
字　　数：217千字
版　　次：2020年12月　第1版
印　　次：2020年12月　第1次印刷
书　　号：ISBN 978-7-5571-0075-9
定　　价：68.00元

如有印装质量问题请与本社联系调换

我是记者中的无名鼠辈。我确信,直到最后一刻,我都会握着写稿的蓝笔,和用来校对的红笔。

——花森安治

目 录

序 《生活手帖》诞生的街..................001

第一篇

第一章 我要当编辑..................025
第二章 神户与松江..................048
第三章 帝国大学新闻的时代..................072

第二篇

第四章 用化妆品改变世界..................113
第五章 受召入伍..................129
第六章 奢侈就是敌人！..................152
第七章 战争结束前的日子..................180

第三篇

第八章　从谷底再次出发......213

第九章　女装传奇......236

第十章　拒走回头路......255

第四篇

第十一章　商品测评和研究室......285

第十二章　进击的编辑术......308

第十三章　对日本人生活的观察......333

第十四章　战斗到最后一刻......356

后记......377

跋......385

参考文献......393

花森安治年谱与著作......405

花森安治，1954年7月摄于生活手帖社。
（摄影：樋口进 照片提供：文艺春秋社）

序 《生活手帖》诞生的街

一瞬的记忆

我与花森安治不曾有过会面。只是在很久以前，我曾在街上偶然见过一次他的身影。

那是傍晚时分，在国电（现在的JR）新桥站附近外堀街（即电通大街，现在的西银座大街）的十字路口。只见一个身材矮小、体形结实的男人，和与他同行的机关职员似的男人并排站着，正目不转睛地朝这边看。所谓"这边"，指的是正在从他面前经过的五十人左右的小规模游行队伍，队伍当中也包括了一个月前刚刚成为大学生的我。

现在回过头去一查，发现1957年的5月15日，英国在南太平洋的英属圣诞岛（现属基里巴斯共和国）上进行了本国首次的氢弹试验。

这恐怕是在那之后的第二天或第三天，由大学的学生自治会匆忙组织的抗议游行。在半藏濠的英国大使馆正门前，我有生以来第一次体验了和其他人一起喊口号。当时我应该相当紧张。不仅是因为喊口号，也因为在那之前我还一次都没有参加过政治性质的游行。

结束了大使馆前短暂的抗议集会后，游行队伍来到内堀大街。正当我们穿过新桥站银座出口的铁路桥，慢吞吞地向解散地点土桥行进时——

"喂，那不是花森安治吗？"

身旁一个抱着胳膊的面生的学生低声对我说，说的正是那个男人。他有着像平家蟹（即武士蟹）一样宽宽的下巴，面容威严，眼神十分有力，可发型却像随处可见的中年妇女留的娃娃头，甚至像是特意烫过。倒是没有穿着他那著名的短裙，可是毫无疑问，眼前的确是以爱穿女装而为人所熟知的那位主编——来自《生活手帖》的花森安治。

——哦，果不其然啊。

我在好奇心的驱使下，目不转睛地斜眼盯着十字路口的短发男人。他留意到了这一点，若无其事地转开视线，向身旁的男人说了一句什么……

我的记忆就到此为止，够得上十五秒吗？即便如此，这一瞬的记忆，也给了此刻正开始写这本书的我一些隐秘的自信。年轻时，我确实目睹过那位花森安治——类似这样的自信。为什么需要这种自信呢？因为从他去世起，已经足足过了三十年，即便是对我来说，花森安治也逐渐变成了一个真实感稀薄的、一半是由传说构成的人物。

包括刚刚提到的女装传说在内，花森是一个拥有很多传说的人物。他自己也有为这些传说推波助澜的一面。每个关于他的传说都十分有趣。我准备在接下来的文章中也充分利用这些传说。

另外，我认为花森安治不仅仅是第二次世界大战后，也是现代日本所催生的最具独创性的编辑。他为什么能保持如此之高的独创性呢？我非常希望能一窥其中的奥秘。

然而花森安治的传说化，却常常使他身为编辑所怀的愿景和所做的事情显得扁平又简单。这可就难办了。我希望在享受传说的同时,也能逃脱传说所带来的单纯化和扁平化。对此,年轻的自己在游行队伍里所看到的花森的身影,应该能发挥一些作用吧。

——那时,在游行学生的注视下利落地转开视线的短发男人,并不是存在于传说中的人物,而是和我呼吸着同一个时代空气的、活生生的人。

这算是一个证据——不,这更像是一个符咒。我怀揣这样一个符咒,希望能为正在书写的花森传带来一丝鼓舞。

百万销量杂志的缘起

如果用一个词来概括花森安治的时代,那就是"战后"。

经历了以日本侵华为始的漫长战争,日本在 1945 年终于品尝到惨败的滋味。从那时开始,经过了经济高速增长的 60 年代,到那本可谓概括他一生的《一分五厘的旗》发行的 1971 年为止——可以说,这是《美好生活手帖》,一本由半个外行人手作的杂志,从战后的废墟里创刊,不久后更名为《生活手帖》,连续展开以商品测评为代表的人气策划,实销数量超过一百万本，影响力大到被称为"新国民杂志"的时代。

在此期间，不，直到1978年六十六岁急逝，花森安治一直在《生活手帖》这一堡垒中固守着主编的位置。

那些通过考试上岗的工薪族编辑可做不到这一点。从这方面来说，就连花森亲密的友人，被誉为战后出版界著名主编、《周刊朝日》的扇谷正造，或是《文艺春秋》的池岛信平，都不例外。在担任几年主编之后被调到其他部门，如果尚有机会和余力，则会被调回原来的杂志再做上几年主编——不论是扇谷还是池岛，无论是从前还是现在，在出版企业里工作的编辑们注定是这样的命运。

就算有例外，在一段时间里持续出版同一本杂志，人通常会厌烦，开始想做点别的事情。可花森安治却不一样。他在三十年里毫不厌倦地做着同一本杂志，基本上坚持着同样的风格，手握堪比独裁者的权力，用权威支配着自己的城寨。

但他并不是一个独裁的管理者，而是一个超凡卓越的团队成员兼经理人。

每一期，他除了要撰写大部分的文章和宣传文案之外，还要独自完成插画、花体字、排版、照片拍摄、报纸广告和电车内悬挂的广告，以及从策划到执行的编辑工作，并且是用其他人绝对无法模仿的、极富个性的方式完成。

假如要形容他的话，那就是杂志编辑中达·芬奇式的万能型人才。

现代日本的编辑中再也找不到第二个像他这样的人。你想说《滑稽新闻》的宫武外骨吗？哦，要说相近也算是相近，可即使是这位打破常规的怪人编辑，出版的也不只是《滑稽新闻》一本杂志。从1887年创立《机智协会杂志》到1929年创立《半开玩笑》，他创办了好几种杂志和报纸，但屡办屡禁。他没能把一本杂志做到三十年，也没能创造一百万的发行量。

可是，花森安治也并不是一开始就当上了发行量破百万的杂志的大主编。

不仅如此，系统地阅读以酒井宽所著《花森安治的工作》为主的相关资料后，我再次感到惊讶的是，《生活手帖》这本杂志其实诞生于一个偶然的机会。最初想到这个点子的人并不是花森安治，而是他碰巧结识的一位名叫大桥镇子的女性。在这位当时只有二十多岁的女性的提议下，出版面向女性的生活杂志这一想法才在花森的脑海里牢牢地扎了根。

1911年10月，花森安治出生于神户。战败时，他三十三岁。从战前到战争期间，他参与了化妆品"伊东蝴蝶园"［后来的巴比利欧（Papilio）］和大政翼赞会的宣传工作，书籍装帧和绘制插画的能力也因此获得了承认。可是，那仅仅是在小部分人当中所获得的评价，对于整个社会来说，他仍是一个寂寂无名之人。

不仅寂寂无名，花森还和当时大多数日本人一样非常贫穷。原先所属的大政翼赞会在战败的两个月前忽然解散，失业的他还负担着学生时代与自己结婚的妻子和刚升上小学的女儿的生活，转眼就陷入日复一日的窘迫之中。随后便是战败。他在无可奈何之下，一边靠着为杂志画插画勉强糊口，一边为了与翼赞会时期的同事们成立新的广告公司而四处奔走。

就在同一时期，他受到了曾一同在旧制松江高中和东京帝大就读的好友、《日本读书新闻》的主编田所太郎的邀请，得以每周数次前往位于御茶水文化公寓的编辑部绘制插画。除此之外，他也算是田所的个人顾问。

在这里，花森与一位年轻的女编辑相遇了，那就是大桥镇子。她1920年（大正九年）出生在东京，比花森小九岁，当时是二十五岁。念小学时，工薪族的父亲病逝，她因此在独自一人奋斗的母亲身边长大。从府立第六高女（现在都立三田高中）毕业后，她先是在日本兴业银行工作，后来考入了日本女子大学，可是却因病中途退学，于1941年进入日本读书新闻社工作。

而在同一年的12月8日，太平洋战争爆发了——

伴随着战争的爆发，日本读书新闻社被统合到了日本出版文化协会（后来的日本出版会）这一国家机关当中。该机关归内阁情报局管辖，负责管理和检查战时出版物。大桥搬到了协会的秘书室，田所主编的《日本读书新闻》也变成了机关报。可随着战局的激化，田所手下的编辑部成员们陆续被送上战场，报纸很快陷入了休刊的窘境。战败那年的11月，《日本读书新闻》在退伍后的编辑部成员手中复刊，大桥也回到了编辑部。田所向花森发出邀请应该也是在这一时期。

相继从战场回到田所编辑部的成员中,有后来因为"眠狂四郎"系列而成名的作家柴田炼三郎。

起初,柴田眼中的花森安治不过是一个出入编辑部的半吊子"插画家"。"在那幼稚和拙劣中,有着专业人士身上不具备的新感觉",这虽是事实,可光靠这些,总有一天他会"没成大器就消失了"。这样的男人被大桥镇子这位与众不同的女性注意到,"对他来说是好运的开始"。

"她在战争期间便是《读书新闻》编辑部的一员,是公认的全能型女性——不光是在工作上,就连在日常各种司空见惯的事情上也如此能干,这样的人极其少见。即使在物资逐渐稀缺、各方面都不充裕的战争期间,无论是砂糖还是火车票,只要拜托大桥镇子,任何东西她都能搞到手。……她这种超乎寻常的才能不知道帮了我们多大的忙。"(《妖怪数学家:花森安治》)

抛开这段话中柴田式的夸张,年轻的大桥镇子确确实实是一个拥有非凡行动力的人。她不得不代替早逝的父亲来支撑母亲和两个妹妹的生活,而这种行动力正是在这强烈的使命感中孕育出来的。与花森安治的关系也是如此。虽说被大桥"看中"确实为花森安治带去了"幸运",但从另一方面来说,大桥也是被家境逼得走投无路,才"看中"了花森,这件事也和她自身的"幸运"紧密相连。

总之,率先行动的不是花森安治,而是大桥镇子。根据大桥镇子九十岁时出版的回忆录《〈生活手帖〉与我》(2010年出版,大桥于2013年去世)中的记述,当时她刚刚完成《日本读书新闻》复刊号的校对,应该是1945年底。她找田所主编商量,说自己无论如何也要让一直以来辛苦操劳的母亲和外公能够享福,可依靠目前的收入根本做不到。她这样向田所咨询——

> 我感觉自己一定要做点什么,为此也想了很多。我是一个经历战争的女学生,没怎么念书,什么都不懂。如果去查一查那些我不知道的事、我想知道的事,再拿来出版的话,我觉得,那些比我大五岁,或者小五岁,加起来年龄跨度是十岁的读者们,都会愿意看的。我想为这些女性制作出版物,您觉得怎么样?

田所收到咨询后向她推荐道："这样的话，你不如和编辑部的花森安治谈谈，他在这方面更有能力。"大桥当天就在编辑部的角落里，向因为"长得有点吓人，有种不好接近的感觉"而一直敬而远之的花森大胆地说了自己的计划。花森回答道："我明白了，让我为你的孝心也出一份力吧。"几天后，花森把大桥叫到了尼古拉堂旁边一家小小的咖啡店里。我从其他资料里引用一下当时花森所说的话：

> 这次的战争，女性没有责任。即便是这样，女性却吃尽了苦头。我对此负有责任。如果女性都能幸福，如果人人都拥有温暖的家庭，战争也就不会发生了。所以，就让我为你的事业出一份力吧。
>
> (《〈生活手帖〉与半个世纪》)

女性没有责任。可是，我有责任——

如果花森真的这样说过，那么这个责任究竟是指什么呢？一定与他战争期间在大政翼赞会宣传部里所做的事有关。确实有传说，现在仍臭名昭著的"奢侈就是敌人！"这一战争时期的标语，作者正是花森安治。

话说回来，我也只能推测到这种程度，更为详细的情况就不清楚了。不，不对，包括这件事在内，只有一件事，是连我也清楚知晓的。在收到大桥询问后的几天时间里，出乎花森的意料，恐怕也是战败之后第一次，他心里有什么东西被触动了，开始蠢蠢欲动。

很快就到了新的一年，大桥辞掉了日本读书新闻社的工作，与两个妹妹晴子和芳子一起，按照花森的忠告，开始为成立新公司做准备。

"既然出版的书要在全日本销售，出版社放在银座比较合适。你们先考虑在银座开一个事务所吧。"

按照大桥的回忆，这是花森最初所说的话。这些话并不算是老板下达的命令，在这个阶段，只是作为"你们"的事业协助者所提出的建议。可是，同一件事在柴田炼三郎的笔下却是这样的：

"（花森）早早地命令她们去获取资金和大楼里的一个房间。她们则通过一直以来的关系，很快地为花森带去了二十万日元，以及银座八丁目日吉大楼里的一个房间。"

挺有意思的嘛，柴田先生，你把这故事写得也太有意思了吧，我不由这么觉得。

首先，"获取"了"大楼里的一个房间"的人并不是镇子，而是她的妹妹晴子。晴子曾在丸之内的保险公司上班，在午休或下班回家的路上，她一座接一座地在没有被空袭烧毁的银座大楼里询问打听，终于听说在西八丁目名叫"日吉大楼"的老旧三层建筑里，位于顶层的"名川律师事务所"的房间好像可以出借。而且很偶然地，大桥家和同住在大井鹿岛町的名川家稍有来往。靠着这层关系，她总算借到了一个八坪[1]左右的小房间。

还有一点是柴田炼三郎提到的钱，也就是出版社的成立资金，这也是晴子在保险公司时负责的一家位于千叶的酿酒厂慷慨解囊，一下子借出了两万日元（而不是二十万日元）。花森十分高兴，说"有了这些，就能尽情做事了。简直像是绝处逢生"。他把钱交给大桥的母亲保管。

以下是我的推测。

---

[1] 坪，日本传统面积单位，1坪约合3.3平方米。（本书除特别说明外，均为译者注）

早期的生活手帖社，恐怕就像漫画《海螺小姐》里长谷川町子姐妹一起设立的"姊妹社"一样，是一个家族出版社。花森以指导者的身份参与大桥家的家族生意，投入的感情越来越多。不仅是助一臂之力，他开始把这里作为自己战后再次出发的起点，最终从之前一直筹备的广告公司中抽身，认真地立下了从事出版的决心。概括起来，应该就是这样一个故事吧。

未被烧毁的街道一角

就这样，1946年春天，花森安治与大桥家的三姐妹在日吉大楼的一个房间里成立了一家小小的出版社。算上负责财务的横山启一（原先在日本宣传技术家协会工作，后与晴子结婚），一共是五个人。社名定为"衣裳研究所"。这里发行了好几本 *Style Book*，有《上班族的 *Style Book*》等，与其说是杂志，更接近单薄的小册子。两年后的1948年9月，他们把社名改为生活手帖社，以大桥为社长、花森为主编，创办了《美好生活手帖》杂志，也就是后来的《生活手帖》。

这次更改社名，如同做出了这样的宣言——从今往后这不再是家族生意了。在这一阶段，常年积攒在花森安治心里的、可称为编辑欲的东西一下子爆发了出来。我知道这话有些夸张，却仍然想这样说，因为原先的 *Style Book* 和新的《美好生活手帖》相比，在热情和完成度上有着天壤之别。

可是要把这一点展开来说还为时过早。等我们把花森安治战前和战时的经历，以及在此期间他编辑欲的萌芽，都调查清楚之后再说吧。在这里，不妨再听我说说他事业的起点——银座西八丁目的景象。

首先是"银座西"，和字面意思一样，指的是西边的半个银座。用现在的西银座街（外堀街）来说的话，数寄屋桥路口索尼大楼所在的那一带是西五丁目，从那里往新桥方向是六丁目，接着是七丁目，不一会儿就到了土桥，这时在眼前的就是西八丁目。现在，土桥过来的转角处是 Recruit 公司高大的办公楼。

说到土桥，毋庸置疑，我在前文所写的游行队伍向着土桥行进，指的正是这个土桥。外堀川从数寄屋桥下流过，在新桥站前边向左拐了一个大弯，立刻就到了那座小小的桥。

在战后的一段时间里，这里也作为五一游行等游行队伍的解散地点而广为人知。

可是，这座桥已经不在了。就在我偶然目睹花森身影两年之后的1959年，为了开通首都高速公路，它和外堀川（这一带曾被称为汐留川）一起被填埋，现在只有名字还勉强留在首都高速公路"土桥入口"和"土桥路口"的标志牌上。

那么，日吉大楼又在八丁目的什么位置呢？

我偶然在家附近的图书馆里发现了由"平和博物馆创立会"编写的《银座与战争》画册，里面折叠着一张1937年制作的手绘银座街道地图。我借来用放大镜细细查看，从土桥靠近银座这一端的桥头，也就是现在Recruit公司大楼所在的角落出发，沿着首都高速公路找，没有找到。沿着汐留川左转，则很快就在第二个街区的一角找到了"名川事务所"的小字。不会有错。虽然没有日吉大楼的名字，但这里应该就是大桥晴子找到的那间"名川律师事务所"吧。

我还想多说几句，在制作这张街道地图的1937年前后，现在Recruit公司大楼所在的位置上，面朝大街的方向杂乱地分布着加油站、名片印刷店、烟草店、理发店、榻榻米店、

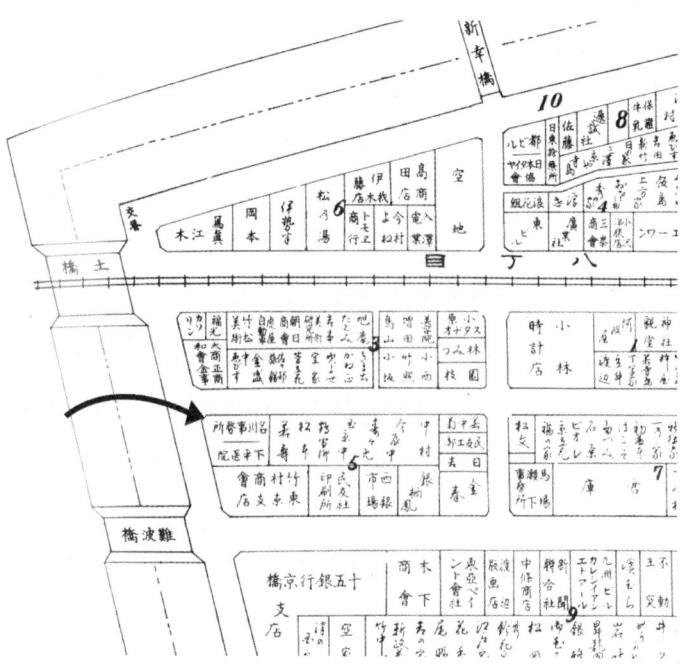

旧银座五至八丁目地图。箭头所指处写着"名川事务所"一行文字,这里就是后来改为生活手帖社的"衣裳研究所"所在地。(收录于画册《银座与战争》)

美容院等十几家小商铺。若对地图上的那一带进一步凝神细看，会发现其中有一家被标注为"虎屋汽车"的店铺。

咦，这个虎屋汽车店，不是小泽先生出生的地方吗？

小泽先生是我的老朋友，作家小泽信男。这位小泽先生的长篇小说《小说昭和十一年》，就是以绘制这张街道图的前一年（1936年）为题材创作的，那一年发生了"二二六事件"和"阿部定事件"。小说在1969年发行。我时隔四十年重读了这本小说，正如我所料，小说开始不久就有这样一个章节："这里是银座靠西边的外侧，土桥桥头的电车轨道。虎屋汽车店是桥头数过来的第五家。木造的车库包着白铁皮，幸运的是没有被前一天的大雪压垮。正前方停着三辆汽车，勉强挤靠在一起。在那后面，一侧是事务所，另一侧凹进去的位置停放着一辆汽车，车后面是四叠[1]半的小房间和厨房。这样就走到了头。可是，二楼却有六叠和八叠的房间，甚至还有晾衣服的平台。这是座头重脚轻、造型奇特的违法建筑。四叠半的房间里住着两个住家帮佣的司机，

---

[1] 叠，表示房间面积的单位，1叠约合1.62平方米。（编辑注）

而店主的孩子包括婴儿在内一共五个人,正在二楼香甜地沉睡。"

虎屋汽车店,是小泽的父亲在关东大地震(1923年)后不久开办的贸易商行。小泽是五个孩子里的第二个,当时他还是西五丁目泰明小学三年级的小小少年。从虎屋到日吉大楼,以少年的腿脚奔跑的话连三十秒都不用。原来如此啊,在经历了夹杂着战争的十二年之后,花森安治他们又在这条街上创办了《生活手帖》。

可是,我有一个疑问——

太平洋战争的最后一年,也就是1945年,银座遭到三次猛烈的空袭,受到了近乎毁灭性的打击。其中1月27日的空袭里,有乐町站有两百五十人死亡,尸体在地铁站台上堆成了小山。除了奇迹般没有被烧毁的尾张町路口的服部钟表店(现在的和光)以外,三越、松屋、松坂屋等百货公司,歌舞伎座,泰明小学,以及读卖新闻社,都因为五十六架B-29远程轰炸机投下的两百五十公斤的弹药雨而熊熊燃烧。烧剩下的大楼外墙黑漆漆的,并排耸立在残留的瓦砾堆上。土桥另一侧的新桥也同样遭受了毁灭般的破坏。而在这之中，为什么日吉大楼平安无事，没有被烧毁呢？这便是我的疑问。

答案就在上文提到的画册《银座与战争》中。书中还收录了战后不久制作完成的地图《战灾烧失地图》，图中显示，几乎整个银座都作为烧毁地区被涂成了红色，其中只有七丁目和八丁目仍维持着白色。即使同在银座，不知为什么只有这一带一直到最后都躲过了空袭。各处因为强制疏散而造成了大量的空地，可尽管如此，空中交错飞过的B-29始终没有向这个地区投下大量炸弹和燃烧弹。

——要开出版社的话就要去银座。就从银座出发吧。

花森曾这样说过，而那个银座，既不是战争前的摩登都市银座，也不是如今有着索尼大楼和Recruit大楼，正逐渐高层化的银座。实际上，那是不久前被美军的空袭所烧毁，如经历过野火的荒原般惨淡的银座。

从横跨汐留川的土桥上迈一步就到了新桥。新桥也被破坏殆尽，整条街都被临时搭建的商店、廉价夜总会、场外马券销售点挤得熙熙攘攘，成了黑市。那种野蛮的气氛，一定也深刻影响了西八丁目一带——只有这银座的尽头一带还维持着旧时街道的原貌。

这一带虽然好不容易才躲过烧毁,却被卷入了战后复兴的浪潮,转瞬间就改头换面了。当我1957年游行路过这里时,小泽信男出生的地方——虎屋汽车店一带,已经变成了名为Showboat的大型夜总会。后来Showboat也在1970年关闭了。随后不久就被大火烧毁,那块地皮上盖起了Recruit总公司的大楼。

而说到生活手帖社,1953年在麻布狸穴的苏联大使馆旁增设了"生活手帖研究室",编辑的重心也转移到了那里。在那之后,日吉大楼的房间仍继续使用了一段时间。或许就是那时,花森安治刚刚从社里走出来,在Showboat前的十字路口遇见了我们的游行队伍吧。这一点我无法确定,也并不打算确定。以灰蒙蒙的街道为背景,两个男人沉默地伫立着——傍晚时分的这幅景象仍留在我遥远的记忆深处。

第一篇

1923年夏天，花森家的孩子们。前排最小的是秋四郎（两岁），左边的女孩是熊（七岁），最高的是安治（十一岁），最右边是松三郎（五岁）。

第一章　我要当编辑

母亲的去世

1948年的银座,四处都明显地残留着被空袭烧毁的痕迹,《美好生活手帖》在这里创刊了。以此为契机,"常年积攒在花森安治心里的、可称为编辑欲的东西一下子爆发了出来"——

我在序里这样写过,却不禁有些担心。"常年"这一说法虽然没有问题,可究竟这个"常年"应该从什么时候算起呢?具体来说,花森到底是从人生哪个阶段开始认真考虑"我要当编辑"的呢?

花森不是一个热衷于阐述自己的过去和私生活的人。自传这类东西自不必说，就连出自他人之手的传记，像样的也只有前文提到的《花森安治的工作》而已。这本书在他去世十年后的1988年，由曾在朝日新闻文艺部担任记者的酒井宽撰写，首先在报纸上连载，后作为书籍发行（到2011年为止，还可以加上马场诚的小说体传记《花森安治的青春》）。

还有一本是唐泽平吉所写的《花森安治的编辑部》[1]，1997年由晶文社出版，作者曾任《生活手帖》编辑。这是一本回忆录风格的散文，虽是极有魅力的证言，可传记的要素并不多。总之，花森安治其人虽然颇受瞩目，可关于他个人的信息却意外地非常匮乏。围绕他的传说之所以数量众多，恐怕这也是原因之一。

可是，这样的花森有时也会亲自书写涉及过往的简短文章。幸运的是，1972年6月由《朝日新闻》策划的《我的思索，我的风土》系列中，有他的一篇名为《一支钢笔》的

---

[1] 原书名《花森安治の编集室》，中文版书名为《编辑部的故事——花森安治与〈生活手帖〉》，张逸雯译，书海出版社出版。方便起见，本书采用直译名《花森安治的编辑部》。本书中引自《花森安治的编辑部》的文字，以中文版译文为准。（编辑注）

随想,我在其中找到了这样一段内容:

> 母亲那时三十八岁,我十九岁。
>
> 也许是因为我穿校服的样子很少见吧,她把我叫到枕边,一会儿让我面向这边,一会儿让我转到那边,从上到下仔细打量着我,感慨说,真气派啊。我说,这样子太傻了。
>
> 母亲问我,将来有什么打算。我说,我要当报社的记者或编辑。母亲听后,没再说什么。几天后,母亲就去世了。

花森安治1911年10月25日出生在神户市西部(须磨)的平田町一带,那里现在是山阳电铁市营地铁线的板宿站,周边已经变成了繁华的商业街。花森的父亲家从祖父那一辈开始就是贸易商人,母亲从师范学校毕业后直到结婚前都是小学老师,花森是家里的长子,有五个弟弟妹妹。

关于花森的父亲恒三郎,酒井宽在传记里这样描述——"身体孱弱,好像没怎么工作过"。可按照2004年发行的《生活手帖保存版3·花森安治》里刊登的略传《花森安治的履历书》中的说法，恒三郎之所以"没怎么工作过"，似乎并不仅仅是因为身体孱弱。他是一个在通商口岸神户长大的都市人，因此是个喜欢追逐时髦的爱玩之人，自然不是勤勤恳恳继承家业的类型。

"富裕的花森一家在平日里也穿着洋装——这在当时很少见——由父亲带着安治和妹妹，去看宝冢歌剧团的少女歌剧。花森的父亲喜欢赛马，也投资了股票和外汇，后来因为做了别人的连带保证人而失去了财产，就连房子也被卷进火灾烧得精光，一家人一夜之间搬去了大杂院。"（略传《花森安治的履历书》）

当时，花森家已经搬去了靠近市中心的熊内町（现在的中央区，新干线的新神户站附近）。房子被烧毁是在1919年。虽然不知道具体的情况，但从这段记述中可以推断出，在长子安治满八岁，就读于熊内町的云中寻常小学二年级的时候，一家的经济状况急转直下。

在那之后，花森的母亲吉野为了帮助丈夫，经营起了药店和山货店，并夜复一夜地做着和服裁缝的副业，兢兢业业地养育着六个孩子。在刚才引用文字的前一段，花森写道："最近，我时常会梦见神户。"因为战争的缘故，自己早就舍弃了对祖国的爱。即便如此，"我对自己出生的城市，还残留着依恋。……说起来挺不好意思的，都是因为那些和母亲一起度过的日子所留下的回忆吧"（《一支钢笔》）。

还有一篇短文里写到了同一时期的母亲，我在这里一并做个介绍吧。文章是花森1962年为《朝日新闻》的《一本书》栏目撰写的散文，他所说的"回忆"具体是什么，在读完这一段之后能了解得更为详细。

母亲去世的前一年，即1929年，花森在高中入学考试中落榜。他在那一年往返于大仓山的市立图书馆（现神户市立中央图书馆）与家之间，一边复习备考，一边从图书馆的藏书里拿起什么就读什么。

八年前的1921年，之前一直都是临时设施的图书馆搬迁到了大仓山公园，拥有了一栋主楼和一栋书库，改头换面，成了威严庄重的市立图书馆。藏书量增加的同时，按照日本十进分类法所做的卡片式搜索系统也日渐完善。住在这儿的落榜生少年安治，想必也对图书馆的改头换面感到颇为兴奋吧。可是，和日本当时多数的公立图书馆一样，这里也要收取阅览费，所以少年花森每次去图书馆之前，都会缠着母亲索要三分五分的零钱。

在崭新的阅览室里，花森偶然读到了作家平冢雷鸟的论文集《发自圆窗》（1913年发行，随即被禁）。在那本书里，他读到了雷鸟主办的女性文学刊物《青鞜》的创刊辞，以"天地万物之初，女性本是太阳"作为开头。接下来的文章——就像大家所熟知的——"如今，女性成了月亮，依旁人而生，因映照别处的光而闪耀，是有着病人般苍白面容的月亮"。

花森读是读了，却没有为之感动。不仅没有感动，反而陷入了一种"读了文章之后，感到前所未有的困惑，不知该如何整理自己心情"的情绪。等回过神来，他已经从德国社会主义者奥古斯特·倍倍尔的《妇女与社会主义》开始，把图书馆里大约二十本关于"女性地位与解放"的书给读遍了。

在随后的1930年，花森离开了自己出生的故乡神户，进入了旧制松江高中。是母亲说服了父亲，说是想用副业攒下来的钱让安治读完大学。母亲患上心脏病,可能也是因为长期的辛劳导致身心俱疲的结果。

  那年夏天,母亲去世了。看着母亲死去的面容,不经意间,我的脑海中浮现出了这段文字:"如今,女性成了月亮,依旁人而生……"就像是经文一样。几天后,我在母亲用来装信件和照片的纸箱底,找到了用纸包着的父亲的照片。父亲身旁是一个艺伎模样的女人。

(《一本书》)

  花森从儿时起就喜欢画画,也很擅长。酒井的书里有小妹野衣的证言——母亲去世那天,他在枕旁专心地画着母亲死去的面容。原来如此,当时他沉默地挥动着画笔,脑海里吟唱的不是经文,而是雷鸟女士那充满煽动力的文章。

  虽然没有找到比这更为深入的记述,但花森在1929年,对母亲确确实实怀有"不知该如何整理"的混乱思绪。而母亲不久之后就将结束短暂一生。

  自己并非没有顶撞过任性的父亲,可是自己却说不出什么冠冕堂皇的话，毕竟身为长子。但实际上是依靠着母亲在生活。

我想，年轻的花森很可能怀有这样苦涩的自知之明。自己之所以毫无顾忌地在图书馆一头扎进关于"女性地位与解放"的书里读个不停，也是出于这个原因。在花森安治女权主义思想的背后，是关于母亲的记忆——作为一家的顶梁柱，竭尽全力支撑着孩子们生活的那个"苍白的"母亲。这么说来，想到后来他在答复大桥镇子的委托时所说的"我的母亲已经不在了，就让我为你的孝心也出一份力吧"，我好像更能明白他这一决心的含义了。

安治为什么要去松江？

"将来有什么打算"，母亲弥留之际在病床上这样问道。"我要当报社的记者或编辑。"十九岁的儿子昂首挺胸地回答。

也就是说，花森安治在昭和初年，即他从少年成长为青年的时候，就已经早早考虑要当一名编辑了。可是仅凭这一点我们仍然无法得知——当时，年轻的花森安治对于编辑这一职业怀着什么样的想象。也许是将报社记者和编辑笼统地混为一谈，相当于"我要做一个新闻工作者"吧。

可是，这里出现了"编辑"这个词，应该是有一定原因的。我认为这是因为花森在进入高中后不久，便积极参加了校内杂志和电影放映会的剧情说明等印刷物的编辑工作。但要立刻跳到这一段还为时过早。在此之前，我想先说明一下，他为什么要离开神户，特意前往松江。

在第二次世界大战前的日本说到"高中"这个词，一般指代私立高中、府立高中，还有商业和工业等职业高中，但首先普遍指代的是全国二十五所国立高中，也就是所谓的旧制高中。其中，从一高（东京）到八高（名古屋）被称为编号高中，再之后建成的比如新潟高中、松山高中、浦和高中等，则被冠之以地名。松江高中是成立的第十七所高中，也是山阴地区[1]最早的一所高中。如果能进入这些学校，几乎可以自动升入当时仅有的九所帝国大学。总之，旧制时代的高中生就是货真价实的未来精英。

---

[1] 山阴地区，指日本本州岛西部、面朝日本海的地区。

花森安治从神户三中（现县立长田高中）毕业后，过了一年落榜生的生活。想象一下，他第一年应该是以神户附近最难攻克的编号高中，比如京都的三高或者金泽的四高等学校为目标，却悲惨地受挫落榜。假如真是这样，为什么他会在第二年把志愿改成了松江高中呢？关于这件事，我没能找到包括他本人在内的任何人的证言。正当我为之苦恼的时候，幸运地在曾经与花森同校、比他低一年级的学弟，同时也是关西的诗人、电影评论家杉山平一所著的《我的败走》随感集中找到了这样的记述：

"过去旧制高中的入学考试是全国统一考试，可是各校的科目却不尽相同。当时，松江高中从入学科目里拿掉了数学。因此，讨厌数学的坏孩子和斗士们都从全国各地汇聚到了这里。"（《旧制松江高中》）

花森比杉山早一年参加考试。前些日子，我去松江时曾亲耳听闻，当时考生中流传着"相比其他的高中，松江更容易考上"的传言。我推测，花森想必也追随着这一传言，成了从日本各地不请自来的"坏孩子和斗士们"当中的一员吧。

同样的事情，其实在花森初中入学时已经发生过一次。

花森在云中寻常小学时，邂逅了终生的友人田宫虎彦，就是后来写出《落城》《足摺岬》等书的作家。这位田宫升上了县立的神户一中（现县立神户高中），花森却不知怎的选择了三中。为什么不和田宫一起去一中呢？我对这件事略为介怀，后来读了淀川长治的自传，才揭开了谜底。淀川父母在神户西柳原经营艺伎置屋[1]，他在三中比花森高一个年级。淀川长治这样写道："当时在神户，县立一中最难考，二中也是成绩优秀的学生会去考的学校。而与这两家相比，刚刚建好的三中则稍微好考一些。当时有这样的传言，因此我选择了三中。"（《淀川长治自传》）

各位明白了吧。神户三中也好，松江高中也好，花森每到升学的时候，总是会特意选择"稍微好考一些"的学校作为自己的目标。

花森完全不是埋头苦读型的优等生，可他在刻意坚持下，并没有偏离"读完县立初中后升入旧制高中，最后去帝

---

[1] 置屋，培养艺伎且提供住宿的场所。

国大学"这一精英路线。在这一点上,他和同样出生于神户的城市男孩淀川长治就不一样,和比他小两岁的作家足立卷一也不一样——"我在县立中学的入学考试中失败,不得不进入关西学院中学部"(《亲友记》),和与足立同校、比足立大十岁左右的前辈稻垣足穗,以及从神户二中(现县立兵库高中)升上关西学院大学的诗人竹中郁等人也都不一样。

因为家里的情况和母亲的期待,自己难以舍弃这条官制的精英路线——

于是,就像他后来在东京帝大也选择了其他人不太愿意学的美学美术史专业一样,花森在勉勉强强的及格线上,尽力选择能让自己喘一口气的地方。他没有选择奉行斯巴达式"朴实刚健"教育理念的一中和二中,而是去了相对自由、以"重视个性的自由主义教育"为口号的三中,并且选择了从入学考试科目中拿掉数学、向全国的"坏孩子和斗士们"敞开大门的松江高中,一定也是出于这一考虑。(可是说到松江高中,由于全国各地讨厌数学的野孩子蜂拥而至,实际上好像竞争相当激烈。)

那个有名的鬼瓦

花森安治身上有这样一种特质——无论在哪里，没过多久就能成功吸引周围人的注意力，成为一个略显夸张的存在。特殊的长相是原因之一，很多时候，别人对他的第一印象就是"长相吓人"。不仅大桥镇子最初因为他"长得有点凶"而对他敬而远之，就连从大阪府立北野中学（现府立北野高中）来到松江后迅速和他熟络起来并成为朋友的杉山平一也不例外。

"我还是挺怕他的。因为他是高年级的学生，会称我为'你小子！'……没办法轻松地和他对话。他更像是一个令人仰慕的对象。花森有个外号叫'鬼瓦'[1]，长得很凶。／（神户）三中低我两个年级的富士正晴也曾经说过，'那家伙是个名人啊，鬼瓦嘛'。"（采访《说说花森安治》）

总之，因为是有名的"鬼瓦"，花森也不得不时刻怀揣着自己正在被他人观看的意识。进一步来讲，也可以说，他

---

1 鬼瓦，日本古代建筑中屋脊两端装饰用的兽头瓦。

松江高中的校舍是现代风格的建筑,包含礼堂和学生宿舍。后排右侧是花森。(来自世田谷美术馆收藏的毕业相册"Our Memory 1933")

开始不断思考和估量自己的外表和行为在他人眼中的样子。

他并没有将这种自我意识封存在自己内心,而是十分爽利明快地使其向外发散。鬼瓦少年会画画。不仅是水彩画和油画,小学时他在黑板上画伊索寓言,中学时他在寺庙的儿童会上用连环画戏剧来讲佛法,将画面与表演紧紧结合在一起。到了高中,这些又变成了立体主义、超现实主义风格的前卫绘画。可是啊,正因为想"装神弄鬼",所以才会追求前卫吧。我们能从这些行为中感受到他对周围视线的意识,以及强烈的表演欲,这一点是不变的。

花森还写了不少诗歌和小说。他原本就在写文章上很下功夫,高中时还曾经热衷于浮夸的文体实验,例如不使用标点的小说,等等。他使用这些文体,以具有神户特色的、遍布坡道的街道为舞台,速写着摩登男女的各式心理。有人认为这是受到了横光利一、川端康成等新感觉派作家的影响,可是我认为他辞藻华丽又带有轻盈的都市感,这一点比新感觉派要来得年轻,更接近当时处于全盛期的龙胆寺雄、吉行荣助、久野丰彦等新兴艺术派作家。

花森似乎还很擅长演讲。他不仅说话有意思,声音也动听。在神户三中时,他就成了校内辩论比赛上负责压轴的红人。升入高中后,在与他校进行的联合辩论赛上,他曾针对"现代漫画及其未来"这一极具个人风格的主题,做过一番激昂的辩论。还有传闻说,他在小仓布制的学生制服背后写满海涅的诗,画满具有表现主义风格的色彩缤纷的绘画,穿着它昂首阔步地走在路上。

在花森进入高中后的第二年(1931年)的一个傍晚,一次长达十八天的大型罢课毫无预兆地开始了。因为校方断然拒绝了学生们提出的要求,即在建校十周年的纪念典礼上让校友会的学生理事发表贺词,学生们开始联合抵制纪念典礼。校方则下达了三人退学、一人开除、八人停课这一出乎意料的严厉处分,成了事件的导火索。

以下这些内容,我是从松江过去的今井书店出版、花森设计的《旧制松高物语》(朝日新闻社松江支局编)这本书中读到的。松江高中在那之前就受到马克思主义理论家福本和夫教授——凭借"福本主义"而为人所熟知——的影响,共产党系的思想社团和社会问题研究会(社研)的力量十分强大,在建校后的数年之内就牢牢掌握了校友会和学生宿舍自治会的实权。

可是由于1928年的"三一五事件",翌年的"四一六事件",以及针对共产党的持续镇压行为,到了花森入学的时候,"学校在思想诱导方面的举动已经变得露骨",校友会的会报也落入了窘境——三分之一的稿件都因学生科的检查而被撤销,不时地被黑色墨迹涂改得七零八落才能发刊。加上当时正值金融恐慌,生活困苦的学生们那抑郁的心情一下子就被激起了波澜。

从1931年入学的杉山平一所著的《我的败走》中,我们能看到:

> 我还是个少年,所以不太清楚,总之罢课围绕着十周年纪念仪式、要求学校撤回对学生的处分而起,为此,我们在将近一个月的时间里都待在宿舍。为了慰藉这份无聊,高年级学生在食堂里播放了小津安二郎名为《美人哀愁》的艺术电影。这是我第一次得知,原来电影中也有高雅的作品。
>
> 罢课不久就得到了解决——尽管后来当上防卫厅首长

的细田吉藏等高年级学生还在讲台上手握帽子大声疾呼。

(《旧制松江高中》)

之所以躲在宿舍,是为了防止校方对每天从家上学的学生和在外寄宿的学生(花森也是其中之一,田所也是)进行瓦解离间。

学生们五六个人结成一组,每两个小时轮换一次,每次五组人系着绑腿,拿着绑有刺刀的步枪,在学校周边进行警戒。演讲部的二十四人还分别坐上汽车,他们衣衫褴褛,身着黑色披风,脚踏高高的木屐,突破困难,在市内三十多处开展了街头演讲。

我在《旧制松高物语》中找到了这样一行字:"其中花森安治(十期,文甲)也是把学生们的真实情感传达给市民的重要角色。"保险起见,我补充一下,所谓的"文甲",指的是理科生以外的文科生,且选择英语作为第一外语的,如果选德语的话就是文乙,选法语则是文丙。

罢课突然开始的真正动机,想必确实有来自潜伏于地下的共产党的指令。可相比政治原因,后来某位毕业生回忆的性情方面的原因总的来说更接近真相——"大部分学生为义气、激情和友谊而燃烧，为拯救受到不当处分的友人而奋起"（《旧制松高物语》）。

正因为如此，比起校方，学生一方相对获得了更多"市民的同情"。根据《旧制松高物语》的记述，杉山平一所说的"艺术电影"上映之所以能获得成功，也是多亏了这"市民的同情"。松江市末次本町的电影院"电影俱乐部"在营业结束后，把胶片和放映员一并借给了他们。

网络上有一个名为"中原行夫的房间"的网站，其中有 1932 年日本全国四十六个都道府县的电影院列表。从列表中可以得知，这一时期在松江，有 Kinema 俱乐部、演艺馆、松江座、第一八云馆、第二八云馆，共五家电影院。根据其他资料，应该还有一家名为 High Collar 的著名电影院，它被誉为"松江电影院的开拓者"，但在这张列表上没能找到。松江第一次上映有声电影是在 1929 年，后来或许是在那次冲击之下破产关闭了吧。

故事越讲越琐碎，真是抱歉。可还有一件事，我想引用 2006 年世田谷文学馆举办的"花森安治与《生活手帖》展"

图鉴中的简略年表(矢野进编)。那是1930年的条目:

> 当时,他和田所太郎(后来《日本读书新闻》的主编)一起为电影院"松江俱乐部"担任电影鉴赏会的负责人,两人一边读情节梗概,一边撰写并编辑电影的简介(三十二开,四页)。

电影俱乐部、Kinema俱乐部、松江俱乐部(花森在《我这个人》一文中曾经这样写过)——在不同的作者笔下,名称也稍有偏差,但指的应该是同一个地方,也就是位于松江大桥北边桥头(松江城方向)的三层木结构建筑,一个铺着榻榻米的电影院。

我不知道文中的"电影鉴赏会"指的是电影院的粉丝俱乐部一类的组织呢,还是松江高中的校内活动小组。恐怕是后者,但同时又和Kinema俱乐部(姑且依照这种写法)保持着相当亲近的关系。也是因为这层关系,罢课期间才能借到小津安二郎的新作胶片。这么一来,杉山平一所说的策划了电影放映的"高年级学生",自然就是指花森安治了。

杉山在入学后不久便结识了田所太郎,是田所把他介绍给了自己在文学部的朋友花森。

杉山通过小津安二郎的作品得知"原来电影中也有高雅的作品"之后,就这样"沉迷电影以及围绕电影的其他艺术形式"。可新上映的电影通常要过好几个月才能抵达像松江那样的乡下。他焦急地等待许久,才终于"裹着披风,坐在站前大路旁电影院的榻榻米上",看到了山中贞雄导演的《矶之源太:抱剑而眠》。小津的《东京合唱》则是在桥头的电影院(指的是Kinema俱乐部)看的。"伴奏用的是唱片,真是令人感动。"(《旧制松江高中》)

他想早点看到有声电影的新作,可是鲜有这样的机会。

焦急的杉山于是召集同年级的学生,组成了"电影研究会"社团,和Kinema俱乐部联合,举办《我们等待自由》《摩洛哥》等有声电影的放映会。这个"电影研究会"与花森和田所等人的"电影鉴赏会"之间的关系不详,可能是同一回事,也可能是一种类似接力形式的组织。不管怎样,有一点是很清楚的——以花森、田所、杉山为中心的松高学生对电影的热情日渐高涨。从罢课前后开始,他们试图带动整个松江，开展一些文化活动。

从12月4日开始的学生罢课运动，在当月的22日结束。被退学的、被停课的和"洗心革面"的学生全都复学了，也没有再处分其他学生，姑且可以视为校方做出了妥协。可是地下共产党派系的"社研"也走向了终结，不仅仅是在松高，在全国的高中里都被彻底击溃。杉山在自选文集《巡航船》里这样写道：

> 昭和八年，曾在全国呼啸而过的左翼学生运动退潮，花森作为学生自治会的会长进行了一番诙谐的演讲，"掸落灰尘，让我们保持骄傲吧"。当时他制作了《校友会杂志》，其设计之新颖直到现在仍然是一个传说，那些小说、诗歌、前卫绘画及独特的字体都令我着迷。
>
> （《我遇到的人》）

1933年，是花森安治高中毕业的那一年。自治会是学生宿舍的组织，而花森是外宿生，并不住宿。那么他是校友会的学生理事吗？我不清楚。总之，按照杉山的回忆，好像

"社研"消失后,花森就被学生们拥戴为新的领袖。可实际上,他并没有成为一个积极的、引人注目的左派人物。

那之前,在罢课终结后过了半年左右的1932年7月,由花森担任主编的《校友会杂志》第二十期发行了。这就是杉山所说的"现在仍然是一个传说"的一期。可能是因为有了这样的评价,花森才会被选为领袖吧。此外,就像编辑电影鉴赏会的剧情介绍一样,这本杂志的编辑工作也是花森用近乎独裁的方式亲自完成的,其结果就是成为花森开始考虑"我要当编辑"的直接契机。所以,确切地说,当时他不是十九岁,而是已经迈入了二十岁。

第二章　神户与松江

《校友会杂志》的主编

花森安治喜欢演讲，又有自信，因此一升入高中就加入了辩论协会，之后在二年级时加入了文学协会。在那里，他与田所太郎熟络了起来。看到他在1931年底全校罢课时活跃于街头演讲等场合的样子，应该也没有退出辩论协会。

当时不仅是松江高中，旧制高中里都有以社团为基础的"校友会"，这种校内组织吸纳学生和教员作为会员，由双方选出理事负责运营。

这些校友会每年会发行两三期杂志，按惯例基本是由文学社负责编辑。松江高中也不例外，《校友会杂志》每年发行两期。花森在罢课运动刚刚结束的 1932 年初,和其他几名文学协会成员一起,被选为第二十期会刊的编辑委员。

不对,与其说是"被选为",倒不如说是花森自己主动揽下了工作。我读过半年后发行的杂志的编辑后记(篇幅相当长),便更加坚信这一想法了。文章从一开头就非常有气势:

本期由我全权负责。

本次的编辑工作全部由我本人,在我的独断专行之下完成——在这一点上,我向编辑委员田所、保古致以深厚的谢意。

我在后文中也会提到,花森安治身为《生活手帖》的主编,其"独断"的程度得到了大批相关人士的佐证。作为主编,如果在行动上不够独裁,就无法做出高质量、有个性的杂志。花森在这一时期就已经有了这样的确信。虽然后记有些长,但紧接着这段之后的部分我也在这里一并介绍了吧。

关于本期的样式——特意选择这个开本，目的并非是彰显我个人的喜好，而是为了减少每行的字数，增加行数，在配合诗歌节约版面的同时，兼顾易读性。页数的增加也绝不是因为版式，而是稿件丰富的缘故。

关于本期的封面——是我的试作，敬请指正。

关于本期的编排——本期全部用九磅字、一栏的方式排版。为使版面有所变化，也曾有过是否将一部分内容用两栏排版的声音，但在我的独断专行之下，全部使用了一栏。说到我个人的感受，是不喜欢两栏排版那种杂乱无章的感觉。

还有人提出意见，希望能加入些插图。对方的态度非常强硬，我却坚决反对。放眼看看吧，全国数十份校友会杂志，版面和作品无不因为插图而被破坏殆尽。请原谅我的失礼，可要想在这所学校里找到理想的插图，恐怕希望渺茫。会有人从这活字的集合和直线构成的纸面中发现美吗？

相比杂志的内容，花森首先针对"版式"进行了一番论述。从这里可以很直观地看出，这一时期的花森想要靠什么来一决胜负。他的确拥有强烈的好胜心，可是从中丝毫感觉不到当时旧制高中里常见的那种自我陶醉的唯心倾向。真不愧是花森安治啊！

这本杂志的原版保存在旧制松江高中的后身——岛根大学的图书馆里。我再次阅读酒井宽的《花森安治的工作》时得知此事，因此在2010年的夏天下定决心，坐上飞往出云机场的客机。从松江城向东北方向缓缓步行二十分钟左右，就是岛根大学。我穿过原本属于松江高中的、小小的石制正门，然后直走，来到靠近道路右手边的图书馆，在二楼看到了打电话预约过的几本《校友会杂志》。

我立刻就明白了花森写"特意选择这个开本"的原因。开本是指书刊幅面规格的大小。之前和之后几期所采用的是文学杂志常见的纵长形A5开本，只有这第二十期是略小一号的正方形。前者用八磅铅字、两栏排版，后者用更大的九磅明朝体活字、一栏排版。形式是雅致的毛边本，留出了充分的余白，当然也没有插图。

封面是用于设计的高级炭纸，田所太郎在接下来的第

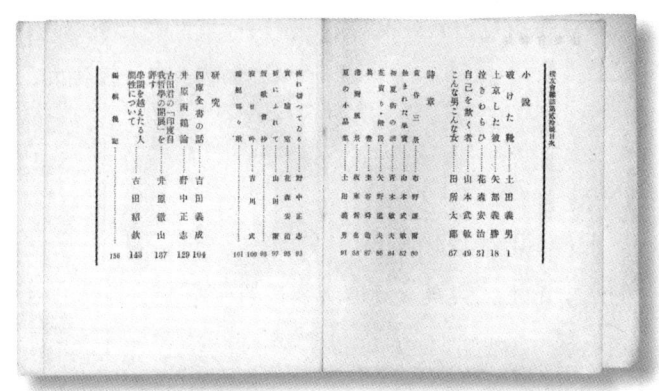

旧制松江高中《校友会杂志》第二十期目录,1932年。(岛根大学图书馆藏)

二十一期里写的后记中提到,封面和内页用纸都是花森自己挑选出来的,他从当地的印刷厂搬来的纸张样品"像小山一样高"。

在接近纯白的奶油色底色上,用银色墨水印刷着大大小小、像同心圆般一点一点逐渐错位扩散的正方形。这与设计师杉浦康平年轻时热衷的带有禁欲色彩的几何图案如出一辙,是更为朴素的版本。由于用银色印刷,如果不迎着光线调整角度的话就看不清楚。哈哈,所谓"是我的试作,敬请指正",恐怕也是因为这吧。

《校友会杂志》第十九期（右下）、第二十期（上）和第二十一期（左下）。

可是，花森安治为什么会如此干劲十足地跟"版式"较劲呢？

在前文摘录的后记里稍后的部分，他提到了这样一个想法——希望这期杂志带来的"刺激"，能成为松高"文艺复兴"的契机。希望为罢课结束后校内那沉闷不振的气氛投下一发重磅炸弹，带来活力，这似乎就是他的想法。可也许不只是这样。以下内容完全是我的推测。我想，这一时期的花森，可能对其他学校的校友会杂志和类似的文学社团杂志怀有十分强烈的对抗意识。

那是刚刚迈入昭和的年代，一高的校友会杂志上活跃着杉浦康平和立原道造这样的青年，他们后来成为著名的作家和诗人。京都三高的编辑中则有青山光二和织田作之助这样的执牛耳者，与一高分庭抗礼的诗歌杂志《三人》的作者野间宏也不时会投稿。此外，不久前发行的弘前高中校友会会刊上则出现了太宰治、石上玄一郎……

在这些人中，花森和杉浦康平于翌年的1933年，在《帝国大学新闻》编辑部第一次见面。战后得到直木奖提名的作家青山光二毕业于神户二中，是从神户一中升入三高的田宫虎彦的朋友。大学毕业后回到大阪的杉山平一，和青山、织田成了亲密的友人。花森和野间宏则是战败后不久，在一家小型出版社的编辑部一起工作了一段时间。《三人》杂志里野间的朋友富士正晴——时常与青山他们争吵——则是神户三中比花森低两个年级的后辈，这一点在前文已经介绍过了。

当时，像立原、太宰、石上等人就不用说了，花森和杉浦、青山、野间都还没有过直接的接触。可是因为彼此之间会交换杂志，哪所高中的文学社里有哪几个人比较显眼，估计大家心里都有数。虽然花森极力想做出一本不输给那些家伙的杂志，可无论是自己还是田所，从作品的角度出发都很难与他校抗衡。他于是盯上了当时校友会杂志保守而庸俗的形式。"放眼看看吧，全国数十份校友会杂志，版面和作品无不因为插图而被破坏殆尽。"

好嘞，就用形式来一决胜负吧。可是其他委员都不大靠得住，那就用自己一个人也能完成的大胆设计来让校内校外的人都大吃一惊吧。花森一旦做出决定，就会绝不妥协地贯彻到底，连校对也是自己动手。此时，他的身上初次显露出了只有通过这种方式才能完成工作的、完美主义的万能编辑——花森安治的形象。

依照惯例，这期杂志要在一学期内出版。因为罢课刚刚结束，大家纷纷劝花森不要勉强，可是"一听到这种话，我就会想：好，我偏要做出来给你们看看。这是我的一个坏毛病，明明已经不是个小孩子了，而且从小就为此吃了不少苦头"。——出于这种想法，1932年7月，他勉强赶在这学期结束前努力发行了杂志。杂志收到了很高的评价。可是，要说这本杂志让校内恢复了多少活力，就值得商榷了。同一年年底发行的第二十一期，开本恢复到A5，主编田所太郎在本期的后记里这样写道：由于这一期紧接着引起讨论的第二十期发行，"我也丢下学业，绞尽脑汁做了一番模仿。……封面和装帧都出自花森之手"——拜此之赐，做得挺不错的，"可要把这件东西赠送给全国数十所高中，还是需要一点勇气。……不管怎样，想到这就等同于我们文艺人的身份，两人难免都有些落寞"。

不出所料，前任主编花森期待的松高"文艺复兴"告吹了。恐怕不仅是田所，连花森也一样，都在这一时期放弃了以文学为生的梦想吧。

取而代之的，是编辑和设计师的身份——作为一种新的未来在朦胧中显出了踪影。根据酒井宽的记述，花森后来曾对《生活手帖》编辑部的成员们说过，那本《校友会杂志》是"我作为编辑的起点"。田所之所以会向年轻的大桥镇子建议"有关编辑的事，去和花森商量就好"，其中一定有这样的原因，即这一时期花森投入工作的样子给他留下了强烈的印象。

我介绍得有些晚了——田所太郎和花森一样，生于

1911年。他出生于东京,从京华商业学校毕业后做了银行职员,很快辞职考入松江高中。与花森相反,田所是一个寡言的美男子,住在小泉八云故居附近的出租房里,不怎么去上课,三年级时留了级,晚了一年才毕业,总之是一个总爱独自沉思的内向青年。尽管如此,一年后他还是设法"混进"了东京帝大的法语系,在《帝国大学新闻》的编辑部和已经入学的花森重逢了。

来自前卫艺术的冲击

从来没有杂志编辑经验的青年花森,为什么能做出这么成熟的杂志呢?我能想到的原因只有一个,恐怕是少年时代的他,在神户接触到了国内外各种各样的新杂志,暗中产生了"我什么时候也要做出这种杂志"的想法。

1867年(庆应三年),兵库港在天皇的诏令下被指定为通商口岸,与函馆、横滨、新潟、长崎并列,神户村这个海边的荒村建起了外国人居住地。这一临时设置的地方在大正末期,也就是花森安治上中学的时候改头换面,成了亚洲最大的海港城市。飞速发展的势头一直延续下来,"一百年前开港时,人口还不到两万,现在变成了一百二十万"。花森在1963年的《生活手帖》秋季刊(第1世纪71号)里这样写道:

> 新奇的东西大多从这里流行起来,日本最早的高尔夫球场在这座城市里建成,麻将也是最先从这里流行起来的。这个地方之所以能孕育出超级市场和生活协同组合,都是因为这儿的人身上有着货比三家的特质——说好听点是追求合理,说难听点则是人情淡薄。……大家开朗,追逐时髦,有点冒冒失失的,又天性乐观,并且鼓起浑身的干劲去生活——神户,就是这样一个地方。
>
> (《日本纪行之一·神户》)

在这"新奇的东西"里,既有服装、食品、家具、装饰品等舶来品,也有新书,以及略为过期的欧美杂志和小说,等等。这些书大多数是被外籍船员、商人、旅行者读完后扔掉的,大量流入了当地的二手书店。世田谷文学馆编撰的花

森安治年谱里有这样的记载:

> 1927年(昭和二年)/十六岁
>
> 沉迷《新青年》杂志上刊登的侦探小说,在神户元町的铁路桥下寻找《海滨杂志》、《潘趣》(Punch)、《纽约客》等二手杂志。

《新青年》在1920年创刊。这是一本面向都市年轻人的杂志,很受欢迎,拥有大批像花森这样的中学生读者。1927年,出生于横滨的横沟正史(比花森年长九岁,当时二十四岁)继森下雨村之后成为杂志的第二任主编。多少也因为这个原因,花森变得爱读这本杂志了。《海滨杂志》则是英国著名通俗杂志,独家连载了柯南·道尔所写的夏洛特·福尔摩斯系列。

可是,包括《潘趣》和《纽约客》在内,花森主编的《校友会杂志》的品味无论怎么看都和这些杂志不是一个系统。

其实,在这些商业化的大众文化以外,还有一种来自不同系统的"新奇的东西"吸引着少年花森的心。那是在关东大地震之后从欧美传到日本的,先锋的现代主义文学和前卫艺术潮流。遗憾的是,我没能找到来自他本人的与这些兴趣有关的描写或叙述。可如果说到间接的证据,有些相当强而有力,那就是他在《校友会杂志》中发表的诗歌和小说。例如这首刊登在1932年第十九期杂志上的诗《钢筋的感觉》:

  钢筋强壮

  构成

  感情

  棱柱与棱角

  将苍穹倾斜裁断

  在遥远上空

  凝结成点

  在那尖端

  飘着

  翩翩的

  小旗

20世纪初期既是战争与革命的时代,也是意大利未来主义、俄国构成主义、德国新客观主义等流派的前卫艺术家们全身心宣扬用工业和科技开创未来之梦的时代。

在日本,这种倾向的代表人物是村山知义。他第一次世界大战后从德国回到日本,是一位留着童花头的奇人。当时二十五岁的村山在一本名叫《构成派研究》的小书里阐述了"机械之美""对建筑的热爱"等,并加以鼓动,不久就成了年轻人中的知性派偶像。这是发生在1926年的事。六年之后,就像各位所读到的,在高中生花森发表的《钢筋的感觉》里,不难找到对村山轰轰烈烈地宣扬过的机械与建筑之美的十分直白的共鸣。我认为,早熟的中学生花森安治很有可能在神户市立图书馆或其他地方,读过那本包含大量插图的《构成派研究》。

在前文提到的编辑后记中还有这样一段——"作为本期的新尝试,对照片进行了征集,却连一张投稿都没收到。……难道就找不出一个能把自己对松江的印象以蒙太奇的方式进行展示的人吗?"

当时的欧洲正流行着蒙太奇、剪贴、拼贴等新手法,也就是将摄影、录像、印刷品的片段大胆组合，制成作品。花森的友人、电影迷杉山平一，就被苏联电影导演爱森斯坦的蒙太奇论深深吸引。花森安治也是，自从儿童时代父亲买来相机之后就成了摄影迷，也同样投身于这股始于苏联和德国的图片蒙太奇潮流，试图在《校友会杂志》排出双联页拼贴"写真印画"的版面。没想到上来便遭遇了挫折。

同样，编辑后记的"会有人从这活字的集合和直线构成的纸面中发现美吗"这一行里，也流露出花森正为当时的艺术运动而倾倒的姿态。

他从自己编辑的杂志里清除掉过时的插画和不痛不痒的随笔，试图让人从机械文明的产物——不，确切地说是作为其鼻祖的铅字组合（即标准化的小零件的组合）——中发现新的"美"。这意图的根源，是包豪斯及构成主义所提倡的"新字体排印学"运动。日本也受到这一潮流的影响。在1931年，刚刚崭露头角的设计师原弘出版了名为《新活版术研究》的小书，呼吁发起与欧美的字母排版不同的"我们自己的新活版技术"，推动汉字和日语假名排版的革新。这是一本印数很小的非卖品，花森恐怕没有读过。这么说来，花森这位青年，还是挺敏锐的嘛。

那么，有关这些"新奇的东西"的信息，他是在何时、从何处得到的呢？我认为不可能是在松江，很有可能是在之前的神户。信息源呢？不可能是广播。日本的广播是1925年才开始播放的，当时花森是中学二年级学生。这么来看，只能是以《构成派研究》为代表的书籍和杂志等平面媒体了。尤其是杂志，特别是非商业性质的小众杂志。

高见顺曾在《昭和文学盛衰史》中写到，从大正末年到昭和初年的时代，是"同人杂志空前绝后的全盛时代"。

同人杂志这个词，如果用稍显装腔作势的舶来语来说，就是小众杂志。其中包括众多从前卫艺术和近代文学运动中产生的小众杂志，例如倾向于达达主义的 *GE · GJMGJGAM · PRRR · GJMGEM*（1924年创刊），村山知义和稻垣足穗曾为其撰稿；也包括由北园克卫、上田敏雄、富士原清一创立的日本最早的超现实主义诗歌杂志《蔷薇·魔术·学说》（1927年创刊）；还有春山行夫、北川冬彦等人所创的《诗与诗论》（1928年创刊）。《诗与诗论》这本杂志与其说是激进，倒不如说是清高。

第二章　神户与松江

既然有了直接来自欧美的"新奇的东西",那么亚洲最大的港口城市之一神户也不遑多让。这里不久也迎来了"同人杂志的全盛时代",其中包括竹中郁——曾参与创立《诗与诗论》——创立的《罗针》(1924年创刊),还有比花森年长一些的亚骑保和足立卷一创立的《青骑兵》(1932年创刊)。后来还开始了被冠以"神户现代主义""阪神间现代主义"之名的运动。这些恰好发生在花森的少年时代。

可是,也不能因此就说少年花森曾经投入地阅读这些杂志。或许他读过,可相比之下,更像是偶尔在书店或图书馆拿起这些书,啪嗒啪嗒地翻阅过,早早地感受到了正在全世界,尤其是日本,甚至是居住的神户大街上,流动的新时代的空气。这种想法更加自然。

更重要的是,这种空气正改变着日本杂志的制作方式。

把铅字排得密密麻麻,再胡乱放上意义含糊的插画——与这种内容至上的土气方式相比,新的杂志更加重视视觉效果。在开本和封面设计上令人耳目一新,在文本组织上花费大量精力,大胆的排版,还有照片的大量使用等,通过各种手法来强调和突显杂志的个性。这些并不仅仅局限在同人杂志或前卫的小众杂志中。昭和初期,包括《新青年》、*King*、《文艺春秋》等商业杂志和大众杂志在内,这个国家的出版迎来了空前的杂志全盛时代。总之,花森就是在这全新的"杂志时代"下成长起来的孩子。

在松江发现日本

神户时代塑造了花森安治身为天真烂漫的前卫艺术少年的一面。因此,如果他留在神户或直接前往东京,兴许有可能在艺术界大显身手。可是最后,他没有沿着那个方向前进。离开神户前往松江,对他造成的影响意外之大。

松江从所有方面来看,都是一个与神户完全相反的地方。

在前文提到的《日本纪行》神户篇中,花森曾写到,神户的街道和人"对旧的事物、消亡的事物、过去的事物,既无恋恋不舍,也不执着","日本的城市中,有很多所谓的城下町。在那些地方,至今仍保留着武士的成规。而神户,不仅与武士毫无关系,就连联队也没有"。

当他写下"城下町"的时候,脑海中浮现的应该是对古都松江的印象。除去神户和东京,花森安治实际居住过的城市就只剩下松江了。而松江,和神户这座城市形成鲜明的对比——神户是商人的城市,从文明开化以来就和港口刚刚卸货的"新事物"以及寨卡病毒打交道,松江则是一座历史超过三百年的武士之城,是因精通茶道而广为人知的松平不昧公的城下町。

在这里,松江高中1922年作为全国第十七所公立高中成立。当时的山阴地区没有大学,因此旧制松江高中实际上成了这个地区的最高学府。在这里顺便说明一下,在第十期学生花森安治读书期间,全校学生六百人,其中来自岛根县的学生占百分之三十略多一些,来自松江市和周边的走读生只有区区数十人,剩下的来自全国各地。

这些外来的精英高中生,特别是从东京或京阪神等大城市来到这里的年轻人,刚开始时都相当地沮丧。

就像来自大阪的杉山平一所哀叹的那样,国内外的最新电影只能听一听评论,完全看不到重要的实物。这里也没有摆放着成套新书和杂志的书店。咖啡馆则是天神町修建于明治末年的"美浓庄""更科"等老朽不堪的几家,更不要指望有着大大玻璃窗的亮堂的咖啡店了。花森等人无处可去，只能聚集在相熟的电影院"电影俱乐部"木结构建筑二楼的食堂里，还有周边气氛单调的荞麦面店或是关东煮店之类的地方。

可学生们过了一段时间之后，随着对当地生活的逐渐融入，这些不满的心情渐渐产生了变化。其中"借宿"是一个很大的原因。松高当然有学生宿舍，可是并没有宽裕到能够容纳将近五百人的外来学生，所以大多数学生借宿在当地的居民家中。松江人把这些学生当成自己的孩子，百般爱护，《旧制松高物语》中就收录了某位老妇人回忆的往事：

> 从大正十五年（1926年）媳妇嫁进来，到高中关闭为止，一直有两三位学生寄宿在我家。……我把他们看得很重。一日三餐都是把热乎乎的食物送到房间，洗澡也是请他们先洗。每到上午十一点左右，眼看快要到午休时间了，我总是会让人出去查看。远远地看见有学生开始从校门里出来，他们便会回来告诉我，我才赶忙开始加热味噌汤。

花森身为这些"学生哥"中的一员,也出现在了这样一行文字里——"据说他寄宿在当过艺伎的三味线老师傅家,并跟着学艺"。因为有"据说"一词,这大概是从别人那里听来的。据我所知,花森借宿的民家也同样珍重地对待过他,这一点是事实。正因如此,他和当地居民的来往也频繁了,青年花森对这座传统城镇平静的生活方式也产生了日渐深厚的兴趣,这里与自己出生长大的"说好听点是追求合理,说难听点则是人情淡薄"的神户完全相反。

在他交往的各种人当中,也有年轻的女性。接下来这一段可以算是证据吧。田所太郎在题为《在松江高中的日子》的散文中,介绍过年轻的花森写的情诗:"今夜城见绳手之北堀,升起青雾,君不来。""城见绳手之北堀"指的是小泉八云故居所在的一带。田所借住的"一栋小小的房子"也在那里。花森后来和松江的女子结婚了,可两人相识是在大学时代,因此这个"君"指的是其他人。如果这不是虚构的话,这个时期花森多半是被对方拒绝了。

花森60年代在《生活手帖》上写过未署名的《日本纪行》连载,刚才引用的神户篇可作为其中"之一"。继飞驒高山和札幌之后,他在1964年的夏季刊(第1世纪75号)上写到了松江。文章的标题是《水之城》,当中写道:"在街道的正中间有城堡。森林环绕着城堡的四周,护城河则围着森林,又绕了一周。"虽说没有署名,却能让人感受到花森对松江深深的留恋,是一篇好文章。

  如果要用一个词来概括松江人的脾性,老派一点的说法就是"举止端庄"。就是做任何事情都很文雅、稳重、客气,行事低调。

  这是历经三百年,慢慢地在"城墙"下形成的。在大多城市,这些传统或被炸弹炸毁,或在燃烧弹下化为灰烬。只因这座城没有被烧毁,这些教养至今仍然在此延续。

松江有两个中心地带,一是松江城,即松江城周边排列着武士门第住宅的北部武士区;一是以松江大桥为中心的南部商业区。武士区的所谓"教养",也渗透到了商业区和周边平民的生活当中。所以花森才会说松江人客气、举止端庄。总之,与"说好听点是追求合理,说难听点则是人情淡薄""时髦，有点冒冒失失的"的神户人的习性大不相同。

我再引用一段：

> 在这个地方，喝茶既不用拜师学艺，也不是徒有其表的教养。和其他地方喝粗茶没什么两样，大家流利地打出淡茶，再喝下。觉得好喝就多喝几碗，不想喝也就不喝了。
>
> 直到不久前，街上还跑着人力车，车夫们在等待客人的间隙会喝上一碗茶。或是在工地上，木匠和泥瓦匠喝上一碗。这样的情景十分常见。
>
> 在松江，茶就和字面上一样，是日常茶饭。

虽说行事客气且举止端庄，可这是常年在"城墙"下所形成的"教养"，其背后也不乏"故弄玄虚""寂寥，倦怠"的一面——不，应该说颇有这样的一面。

可是即便如此，武士、上层商人和那些并无特别兴趣爱好的普通人，确实是如日常习惯般十分自然地打着薄茶。神户可没有这样自然的举止。花森感受到的是"属于日本人的一种生活原型正在此生息"。当然这是他在年过五十之后整理的想法，和年轻时的想法多少会有些出入，可是从根本上来说，当中其实有着相同的感触。

花森从当时的前卫艺术运动中发现了机械与建筑的美，从古老城下町的日常生活中发现了保存下来的传统的美，对这两者同时产生了敏锐的反应。

这种双重性后来也一直变换着形态，存在于《生活手帖》的编辑方针里。那是对浅显的时髦品味和合理性的追求，以及对这个国家平民生活中那些不会轻易改变的事物的兴趣。写到这里，我终于意识到了这一点。花森安治在神户和松江这两个互为对照的地方，度过了从少年成长为青年的时期。这对于他的编辑人生来说，是非常重要的体验。

第三章　帝国大学新闻的时代

在东京帝大文学部

1933年春天，花森安治从松江高中毕业，进入东京帝大文学部的美学美术史专业。同年从一高毕业进入国文专业的杉浦明平，在自己的系列小说集《三春易过》里写道，"在文学部十六个学科当中，只有三个学科的报名人数超过了招生人数"。因此，只要填满十六个志愿，凡是从高中毕业的人都能进入某个专业。而看上去并不会专心复习应考的花森能混进美学美术史专业，也是因为身后有这项"特权"在撑腰吧。

美学美术史专业，经历了以外国讲师费诺罗萨（Fenollosa）、库伯（Copper）为主，一直到漱石的友人大冢保治任教的一代师资，实际上是在1900年设立的。花森等人在校期间，正是从创办初期的大西克礼（美学）、泷精一（日本和东洋美术史）、团伊能（西洋美术史）等核心师资，向竹内敏雄、藤悬静也、儿岛喜久雄等人过渡的时期。

可青年花森好像丝毫不关心这些事情，读过他在战后不久所写的《我这个人》就会知道了。我始终认为，当时花森选择这门学科并不是出于某种积极的理由。

> 像我这么懒散的学生可以说非常少见。即便我加倍留神，大学前前后后读了四年，去教室的日子总共也没有几天。在二十多年后的今天，我也能掰着手指一个一个地数出来，而且只需要一只手就够了。

年轻的读者们，也许会对"加倍留神，大学前前后后读了四年"这句话感到奇怪。就算不那么用心，普通的大学不是都要读上四年吗？

其实不是。和现在的大学不一样，那时的东京大学，读完三年并且考试合格的话,就可视为毕业并取得学士学位。

可是啊,不仅是现在的年轻人,就连一副了不起的样子在这里解说的我,也以为日本的大学一直都是四年制的呢。直到三十多年前看到新潮社出版的井伏鳟二的《荻洼风土记》,读到太宰治在东京帝大法文专业"三年就能毕业,却花了六年时间也没毕业",才知道的。据说太宰治的指导教授辰野隆很担心他,特意在口语考试中半开玩笑地提出"只要能说出在场三位老师的名字就让你毕业"。可是太宰好像一个人的名字都没能说上来。

太宰治陷入退学危机是在 1935 年,也是花森升上大学三年级的那一年。我举个更贴近身边的例子吧。比如来自三高文学协会的青山光二,他比花森晚一年入学,但就读同一个专业——

"我之所以进入美学美术史专业,是因为我本身是个善用视觉观察的人。此外,我也倾向于认为美术是所有艺术的基础,这是在三高那破破烂烂的图书馆里一目十行地读《深田康算全集》等书所带来的影响。话虽这么说,实际上和这些相比,根据我的事先调查,美学美术史专业相比其他专业,演习（指小组讨论）会更少，这才是我做出这项选择的决定性因素。也就是说，必须出席的时间较少，只要想休息就可以不管不顾地休息下去，对于想学写小说的我来说再合适不过了。"（《纯血无赖派生活的时代》）

深田康算在东京帝大是库伯老师的爱徒，曾去欧洲留学，回国后成为京都帝大美学美术史课程的第一任教授。读过这位深田的全集后，青山光二想到了"只要想休息就可以不管不顾地休息"，从而来到东京帝大美学美术史专业。

不仅仅是青山光二，花森在松江高中的后辈杉山平一也不例外——"那位令人敬畏的花森，去了东大的美学美术史专业。如果想稍微学点电影艺术，我想我也只能去那个专业了。""说到以前的大学，只要你能进入旧制高中，无论东大、京大，轻易便能入学。文学之类的专业几乎都招不满，甚至还细分到了印度哲学梵文专业。过去有一些学科，人数甚至少到教授会高兴地主动伸出手说'真难得会有人报考这么偏门的专业'。"（《我的败走》）

于是杉山也在"几乎都招不满"的情况下，可喜可贺地成了青山的同级。学生中当然也有一些有天分的人和努力学习的人。因此，到了这里，仿佛全国各地高中的顽童、吊车尾、聪慧的奇人云集一堂。入学后，他见到前辈花森，聊到美学专业是个什么样的地方，花森曾亲切地告诉他，"不用担心，虽说有十七个学科（据杉浦说是十六个，这里姑且先这样写），可就像纸箱上开了十七个洞一样，到了里面发现都是通的。只是，出来的时候必须从原先的洞里出来"。

"大学毕业即失业"，始于大正末年的找不到工作的严重状况，当时仍在持续。就算是毕业于东京帝大的文学部，不用提美学美术史专业，无论曾经多么刻苦学习，别说大学和高中，就连乡下中学的老师也当不上。一鼓作气得到帝大学生的头衔之后，便放胆去做自己想做的事——这种肆无忌惮的学生越来越多。花森不仅个性很强，他所身处的时代也在很大程度上为这一倾向推波助澜。

既然花森实际上完全放弃了听课，那么在那段时间里他到底做了些什么呢？他一共做了三件事：第一件是加入《帝国大学新闻》编辑部；第二件是恋爱和结婚；第三件事，就是在伊东蝴蝶园打工，从事化妆品的宣传工作。

我们先来说说第一件事。

花森通过松江高中的《校友会杂志》，切身体会了编辑这一工作的魅力。一入大学，他就看到了校园里张贴的《帝国大学新闻》面向新生的招募广告，因此去安田讲堂旁两层高的破旧小木楼里参加了面试。一楼是大学的通讯社，在那里，他与少年时代的友人田宫虎彦再次相遇了。"在小小的休息室里，有一个眼熟的大学生。"田宫后来写道，"那个学生，仿佛是在神户的小学里和我同一个组的、名叫花森安治的男生。我们两个人在相视一笑时，好像同时想起了这回事。在那之后我的大学三年里，不，应该是将近二十年的时间里，我都和花森十分亲密。我大学时代的回忆，几乎可以说就是关于花森安治的回忆。"（《从泷川事件到二二六》）

当时，干部们抱着胳膊坐成一排出席了面试，在他们身后列席的是当时比他们高一个年级的国史学科的学生，也就是战后成为《周刊朝日》主编的扇谷正造，他将这本杂志打造成了日本第一周刊杂志。按照他的回忆，冈仓古志郎（冈仓天心的孙子，后来设立了亚洲非洲研究所，是左派政治学者）极富天分，回答问题时颇为目中无人；田宫虎彦则低着头，是一个回答问题时磕磕巴巴的腼腆"美青年"。在他们之后,一个"有着奇妙怒容"的男人进来了。那就是花森安治。

"他穿的是不怎么高级的米黄色西装,好像还戴着花哨的红色领带,但这也可能是很久以后的他留给我的印象。总之,他有着一双与结实的身体很不相称的漂亮的手,直到现在还鲜明地留在我的记忆里。"(《反俗汉·花森安治的秘密》)

结果,他们三个人(冈仓、田宫、花森)合格了。第二年,与他们同年入学但年龄小两岁的杉浦明平,和迟了一年从松江高中毕业的田所太郎,也加入了这个队伍。1988年田宫虎彦从自家公寓里跳楼自杀,杉浦在追悼文《帝大新闻时代》中有着这样的回忆:

> 《帝国大学新闻》的全盛期是昭和十年(1935年)。编辑虽然是东大的学生,却可以称其为涵盖了地方大学和高中在内的综合性报纸。随后军阀当道,刮起国粹主义的风暴,发生了驱逐河合荣治郎教授、要求弹劾美浓部达吉学说的事,甚至还发生了针对美浓部达吉博士个人的恐怖活动。河合教授举行告别授课时,听讲的人数之多,连大教室的窗户上也挂满了人,可与费希特的《告德意志国

民书》相媲美。我一个人承担留守的职责，报纸编辑部的其他人几乎都去听讲了。大家回来的时候，身上都带着听完热爱真理和自由的热烈演讲后，那令人感动的余波。我记得《帝国大学新闻》用了整整一页的篇幅刊登那次演讲的速记。身在这一报纸的中心位置的，是田宫、花森、冈仓等人。

其他成员也是一样。杉浦放弃了主任教授藤村作，还有从贸易公司回到大学的久松潜一等人的无聊课程，在图书馆用狄更斯全集、陀思妥耶夫斯基的英文译本日复一日地消磨时间。

真无聊啊，不如去当记者吧。

他托人找关系，进入《帝国大学新闻》编辑部。除了杉浦和花森以外，田所太郎也同样"放弃了学业"，就连扇谷正造也是延期一年才好不容易从国史学科毕业。正是这些弃学生和留级生们，在1934年关于美浓部达吉"天皇机关说"的争论和美浓部枪击事件，以及1936年执拗攻击河合教授批判"二二六事件"的论文等一系列带有右倾色彩的"国体明征运动"中,在这股强风从校园内外呼啸而过时,支撑起了《帝国大学新闻》的"全盛期"。

(可是,前文引用的内容里杉浦所说的"驱逐河合荣治郎教授"发生在1939年,当时他们已经毕业了,所谓的"告别授课"大概是杉浦记错了。)

和服老店的大小姐

青年花森在《帝国大学新闻》工作不久,又迎来了一件大事,也是他在大学时代做的第二件事:恋爱和结婚。

花森在读大学期间和松江的女子结婚,对方名叫百代,这些事我在酒井宽的书和世田谷文学馆编写的年谱中已经读到了。但还有一点,他到成婚前实际上颇费了一番周折,我是从前文提到的朝日新闻社松江支局编写的《旧制松高物语》中读到的。

在这本书的"教师列传"一章中,出现了一位教"法经"(法学和经济学综合的学科)和德语的老师,名叫加藤恂二郎。他凭借着"超凡脱俗的性格"和"丰富的学识"在学生当中很受欢迎，想必是常见于旧制高中的风度翩翩的知名教授的典型。教授也"格外地爱护学生"——其中，作为代表事例列举的就是关于花森结婚的传说。

"临近昭和八年（1933年）的一个深夜，有人敲响了教授家的门。他开门一看，门外站着的是那年4月考入东大的花森安治。教授问道：'什么事？'花森挠着头答道：'我和山内和服店家的女儿谈恋爱，可对方的父母反对我们结婚。'第二天早上，加藤教授把羽织和袴穿戴整齐，坐上人力车去了山内和服店。'既然是山内教授的嘱托……'店主是二话不说就同意了女儿和花森的婚事，他们的恋爱才终于有了结果。"

实际上故事的发展可能并非如此顺利，但姑且先这样吧。总之，在花森结婚这件事里，大致有过这样一个复杂的过程。

结婚这件事先放在一边，更为关键的问题是：这两个人到底是什么时间、在哪里、怎样开始交往的呢？加藤教授拜访山内家是在花森入学东大那年的年底，两人相遇应该是在那之前，很有可能是花森在松江高中念书期间。起初我想当然地这样认为。松高学生与当地的年轻女孩相遇，最终结婚，这样的例子并不少见。

可是，我想错了。

以下的内容，简单来说因为百代夫人已经去世，无法亲自讲述，万幸的是花森的独生女土井蓝生女士曾答应我，如有需要的话可以当面接受采访。从她那里我终于弄清了事情经过，根据她回忆的母亲——百代夫人——生前的叙述，两人的交往始于那年夏天一个十分偶然的机会。

那年，也就是1933年，山内百代（下文中将酌情省略"女士"或"夫人"）从旧制松江女子高中毕业，在东京就读于实践女子专门学校的家政研究科。暑假时她想回松江老家，正在东京站买车票，从身后传来一个声音，"给我一张去松江的票"。"是谁呢？"她想着，回头一看，只见是一个面容粗犷、眼睛圆睁的"奇怪的男人"。

她途经京都办事，在回到松江的第二天给茶道老师送特产（购自京都，名为"松风"的日式点心），老师说：

"有位东大的学生来了，你能为他点个茶吗？"

"当然，如果你们不介意的话。"

在老师的招呼下，一个年轻男子慢吞吞地走进了房间，正是几天前她在东京站的售票窗口见到的那个"奇怪的男人"。老师介绍道,"这位是花森先生"。

真是一段佳话,让人不由得感到不可思议。百代回松江老家是理所当然的,可是已经从松江高中毕业的花森,为什么要回松江而不是自己出生长大的神户呢?

其实,不仅是在当时,花森在东大念书期间,只要学校放假,他总是会用写论文、想静下心来苦读之类的理由,时不时地回到松江。他想去拜访自己信赖的加藤老师,抑或是已经深深爱上了松江这座城市,这些都是理由,却并不仅仅如此。

究竟是为什么呢?

最关键的原因是神户已经回不去了。母亲去世后,父亲恒三郎的生活一点也不安定。家里只有身为长子的自己在母亲的帮助下上了大学,弟弟妹妹的升学面临困境,被亲戚和其他人家收养。自己身为一个穷学生,连给他们送点零花钱都做不到。不仅如此,好不容易回到神户,却连一个能落脚的地方都找不到。想到这些,花森的双腿也只能迈向松江了。

蓝生女士说，在松江"好像有从前借宿过的人家"。从前借宿过的人家，说的大概是"当过艺伎的三味线老师傅家"吧。如果真是这样，那么把花森介绍给百代的茶道老师就是这位师傅，这也是很有可能的，抑或是与师傅相熟的友人。花森从师傅那里学习到的手艺，是不是也包括了茶道呢？

但是写到这里，事情已经无法求证了，不过是我的胡乱猜测而已。

从以前电影俱乐部所在的松江北侧出发，跨过松江大桥来到南侧，面前便是一条笔直延伸的古老街道，它与白潟天满宫相邻，名叫天神町商店街。尽管这条大街现在已经彻底萧条了，但这里从江户时代开始就是松江商业区的中心。沿着这条天神大街走一阵子，右手边会有一家日式点心老铺，名叫"风流堂"总店。隔着一栋房子的地方现在已经变成了一大块空地，那里曾经就是加藤教授身穿和服正装的羽织和袴，坐车拜访过的百代夫人娘家——山内和服店。

山内和服店始于江户年间，是松江第一的大店，当时有大约四十名家仆。百代比花森小两岁，出生于1913年。她是家里一男四女当中的小女儿，有专门的佣人，从小被宝贝

山内百代（上图左一，下图中央）二十岁时就读于实践女子专门学校，这是她和同级的朋友们所拍摄的照片。

着养大，自己连饭都没做过。

她的长兄山内以九士从庆应大学毕业后，依照美国的棒球规则手册，为刚刚成立的日本职业棒球联盟制定了日本的规则，战后他成为太平洋联盟的记录部负责人，很活跃，是被称为"记录之神"的人物。现在人人都能说得上来的"防御率""责任失分"等棒球用语，就是这个人的作品。1985年，他作为记录员被收入棒球殿堂。

大姐富枝是城里有名的美少女，与就读女校时一见钟情的一畑电车铁路的经营者结了婚。不少人是从2010年上映的由中井贵一主演的电影《铁路》（*Railways*）里，才第一次知道这条支线铁路的存在。铁路从松江新几湖温泉站出发，途经因一畑寺而为人所知的一畑口站，开往电铁出云市站。这个小小的铁路公司后来成了包括一畑百货公司和一畑酒店在内的一畑集团。花森与这位同样毕业于东京帝大的义兄关系很好，还曾在他的委托下为一畑百货公司的包装纸做过设计。后来这家百货公司因为与三越开展业务合作，便把包装纸换成了与三越极其相似的款式，而原本是非常具有花森特色的潇洒设计。

就像以上种种所显示的那样，山内家是历史悠久的松江在商业方面具有代表性的名门望族。不仅是大女儿，二女儿和三女儿也分别与大型骨科医院经营者的儿子以及大企业的职员结了婚。当地保守的风气下有着严格的繁文缛节，门当户对的两家人联姻也就很平常了。

不仅是姐姐们，百代的朋友们也大多选择了同样的道路。

1966年，在《朝日新闻》的大阪版上，刊登了前文提到过的日式点心店"风流堂"的上一代店主夫人内藤千代荣的叙述，一共连载了九回。其中第二回《憧憬不良少年》中提到，千代荣在1925年进入了四年制的县立松江女子高中。而松江高中的设立是在四年前。"那里汇聚了来自京阪神地区的青年们，不良少年似的学生在山阴地区僻静的街道上阔步而行，很是令女学生们向往。"紧接着这一段，她开始叙述：

"此前，我在电视上观看宿舍之歌比赛时听到了松高的歌，真是非常令人怀念。我们当时很胆怯，连有关松高学生的流言都不敢说，只能时常唱他们的宿舍歌。"

千代荣是位于松江大桥北侧的东本町的日式料理店"松

崎水亭"家的女儿，也是百代在松江女子高中的同级。我从风流堂如今的主人内藤守先生那里听说，百代生前与千代荣非常亲密，经常一起去外国旅行。总之，千代荣从女子高中毕业后没多久，就和大桥另一端天神町的日式点心店继承人的儿子（也就是内藤守先生的父亲）结了婚。

《朝日新闻》的文章中也提到了我前文谈到的内容，松江高中和松江女子高中的学生之间恋爱结婚的事时有发生。

可是千代荣所说的"我们"，指的是当地望族的大小姐们，她们往往会顾及双亲及外界的看法，基本上很难大胆行事。"我们"当中也包括了山内和服店的小女儿百代。从这里便能推测出两人结婚的事并非一帆风顺。其中有着家世和地位的差别。特别是青年花森位于神户的老家已变得贫穷没落，这应该成了最大的障碍。

即便如此，花森也没有放弃。百代与保守的古都松江不同，是散发着都市气息的美丽少女。她有着刚毅的一面，能够不顾双亲的反对毅然从松江出走，孤身一人来到东京求学。在那个夏日，有这样一位少女为自己默默点茶，恐怕青年花森已经对她一见钟情了。

一旦下了决心就会排除万难，猛冲到底——这是花森安治一生所遵循的行事之道。

话虽这么说，可他自己再怎么使劲，百代的决心如果有一丝动摇，两人的婚姻也就无法成立。尽管有加藤教授从旁热心劝说，可从小宠到大的任性大小姐在自己想做的事情上，也有着坚持到底的性格，在排除万难这方面也非常强大。

最重要的是，青年花森身上有一种扣人心弦的吸引力。我不知道那究竟是什么，可这个身材矮小、拥有奇异风采的年轻人，似乎早晚会做出其他人无法模仿的大事——他的身边总是萦绕着这种独特的力量，总能让周围的人在不知不觉之中怀有这样的预感。

"应该有其他仪表堂堂的对象吧？为什么要选这个人呢？"

蓝生曾经问过母亲这个问题。

"就是灵光一现嘛。"

百代夫人如此回答道。这个人虽然不好看，可身上闪现着一种不寻常的光芒。也是因为这样，加藤教授才肯助他一臂之力。

当时花森二十二岁，百代二十岁。第二年春天，百代从实践女子专门学校的家政研究科毕业了。这么一来她也就无法自由地前往东京了。花森应该是去了不少次松江。在世田谷文学馆编写的年谱中，关于一年半之后的1935年，有这样的记载：

> 10月18日，花森与松江和服批发商的女儿山内百代在日枝神社举办了婚礼。随后在牛迁箪笥町深处租来的房子里开始了新生活。

既不是在松江，也不是在神户，而是选择在东京举办婚礼，也显示出这是一桩跨越重重阻碍的婚姻。

新婚生活不轻松

提到花森关系亲密的友人，当然有《周刊朝日》的主编扇谷正造和《文艺春秋》的主编池岛信平，他们组成的"旁观者清"三人组很有名［战后NHK（日本放送协会）以此为名的节目很受欢迎]。而说到更为私密的友人，则一定要算上田宫虎彦和田所太郎这两位少年时代的朋友。按照土井蓝生的说法，他们的家庭成员也是来往甚密的友人。

田宫和田所都与花森相反，是沉默寡言的"美青年"，也都是模范丈夫。后来，不知是不是有其他方面的原因，两人都在妻子去世后自杀了。

为这两人撰写悼文的是同在《帝国大学新闻》的伙伴杉浦明平。前文中我引用了一段追悼田宫的文章。而下面这一段则来自追悼1975年去世的田所太郎的文章。文章里有这样的记述："田所太郎在《帝国大学新闻》的工作中并不显眼。他不善雄辩，有时也会口齿不太利索地发言，在充斥着各种才气焕发和条条有理的发言的编辑会议上总是被无视。与高中同级的花森安治相比，他总显得优柔寡断。"

"我从没见过田所夫人，也不知道田所什么时候结的婚。花森安治，则是在读书的时候和松江历史悠久的和服店里漂亮的大小姐结了婚，他曾经请大学编辑部的成员去家里吃饭，我因此记得很清楚。在花森的新家里，被当作烟灰缸拿出来的，无一不是大学新闻编辑会议经常在夜里叫的中餐厅

外卖装咕咾肉的盘子,这一点也令我印象异常深刻。"(《关于田所太郎》)

这个"新家"不是公寓,而是租来的一套虽然狭小却独门独户的房子。这么一写,会让人以为花森在经济上挺宽裕的,可实际上完全不是这么回事。

从神户当然得不到任何经济上的援助,而溺爱小女儿的父亲在百代婚后不久突然去世,长兄也紧随而去。在这样的情况下,他们也几乎得不到任何来自松江的经济支援。因此,家庭经济的所有责任就落在了还是学生的花森身上。无论是私藏外卖盘子,还是花森在大学新闻社里所担任的繁重职务,以及去伊东蝴蝶园宣传部打工,贫困都是最大的原因。

我说明得有些晚了,所谓的《帝国大学新闻》,既不是大学官方的刊物,也不是由学生自发组织发行的学生报。这是帝大新闻社这一不合常规的大学校内企业所发行的商业周报,有八页,虽然编辑只有东大的学生,但在全国的大学和高中里都有通讯员,作为一份面向知识界的文化报颇受信赖。

好歹是商业报,因此会给学生编辑们发些工资。可是,工作也十分繁忙,编辑部的成员要采访各自负责的院系和学科并撰写稿件,要向大学外的作家、画家等知识界人士约稿或前去采访,还要写影评,充当座谈会的主持人。工作被安排得满满的,自然也就没时间去上课了。这样虽没有什么坏处,可杉浦明平在同一篇悼文中曾经这样写道:

> 这个帝大新闻社的构成,与其说古怪,不如说是百般暧昧。明明号称发行量有三万或五万,可形式上无非是东大附属的学生报。编辑是打工的学生,一年级学生的补贴是五日元,二年级学生是十日元,三年级学生是十五日元。规定是每周去三天,可几乎每天都不得不出勤。报纸的经营权掌握在创刊者,也就是这份报纸的"老大"久富达夫手里,他曾是《东京日日新闻》(《每日新闻》)的主编,也曾担任战后日本田径联盟和奥委会委员。他的后继者是"团长"奥山信一。此外还有负责编辑和广告的"社长"野泽隆一。报纸被这三个人所掌控。

1934年，花森的工资从五日元涨到十日元。同时，老大、团长和社长尝到了销量上升的甜头，决定把报纸从八页扩张到十二页。可是编辑的人数却维持不变，被强制要求增加劳动量的工作人员再也无法忍耐下去。杉浦写道，终于"以冈仓、田宫、花森等人为中心，向野泽社长提出了增加编辑、改善待遇等要求，开始交涉"。

"大家没有采取罢工或是消极怠工之类的战术，而是一边尽责地继续编辑工作，一边极有耐心地交涉。每天，二年级学生和一年级学生几乎全体集合商讨对策，我在不清楚内情的情况下，也跟着田宫他们一起去了。田所也和我一样，应该是跟着花森一起去的吧。交涉持续了很长时间，出现了背叛伙伴倒向社长一方的人，还有像冈仓这种离开队伍的人——他与编辑部这一方的中心活动家S君的未婚妻恋爱（不久结婚了），因此田宫和花森几乎与他绝交。"

不管杉浦在文章中如何塑造田宫的形象，不善谈吐的他到底能发挥多少指导才能颇值得怀疑。如果冈仓古志郎（杉浦所说的"条条有理"型）是那种状态的话，那么花森（杉浦所说的"才气焕发"型）就不得不成为运动的中心了。花森为了和百代结婚而奋战，田宫在四年后结婚并成为超级模范丈夫，他们因为冈仓背信弃义的行为而发怒与之绝交，一点也不奇怪。

设计的觉醒

当时，花森在通常的编辑业务之外还有一份工作。编辑部的一位低年级生泽开进，后来成为《每日新闻》的记者，又当上《英文每日》的主编。这位泽开先生曾经说过：

"当时有一个人总是会在周六的夜晚出现在编辑部，坐在角落里孜孜不倦地画着插图，是一个颧骨很宽、身材矮胖的男人，那就是花森安治。"（《花森安治论》）

泽开没有提到的是，花森在这个时期热衷的并不仅仅是画插图。他在高中时代就曾利用主编的特权，将陷入固定形式的《校友会杂志》整个改头换面。正因如此，他也无法忍受《帝国大学新闻》那种把收集来的稿件从头依次排满版面的无聊至极的形式。他从自己和田宫虎彦两人负责的文艺专栏入手，开始擅自参与起报纸的排版来，比如大量使用花体字等。他所进行的视觉改革尝试,特别是标题的格线和对空白的大胆处理,让扇谷正造等前辈社员们大吃一惊。

"在辩论时大多是我们人生派获胜,可是在版式制作上,完全就是花森一人独占全场。

比如说,他在某一期的文艺专栏里做出了这样的标题:

摘自川端康成《浅草红团》。

这让我们吃了一惊。

他在正中间的位置做了一个留白。以人生派的编辑技法来说这样'太浪费'了,他却不由分说地将这个设计坚持到底。可仔细看看印刷出来的成品,确实是这样的设计要美

观得多。我才发现他是一个拥有如此奇妙感性的男人，在这方面不禁向他认输。"(《反俗汉·花森安治的秘密》)

扇谷正造1913年出生于宫城县北部的远田郡涌谷町。他读过仙台二高，在1932年考入东京帝大文学部国史学科。在高中就读时，父亲经营的小小纺纱厂破产了，他因此产生了"我是一个贫穷的乡下人"的意识和左倾思想。他在本所柳岛（现在的墨田区横川）工人街上的东大救济旅社里当过住宿佣工，还曾被卷入旧制东京高中（日本唯一的公立七年制高中）的传单事件，好像还被扔进中野警察局待了二十九天，让人无法与后来《周刊朝日》的大主编联系在一起。

所以，扇谷在这里说的热衷于争辩的"我们人生派"，可以视为在左翼运动兴盛的数年前主动加入东大新人会（信奉马克思主义的学生组织，救济旅社也一度受其影响。1929年解散）的编辑部左派成员。

在"穷困潦倒，一周三天住在大学新闻社，四天住在本所的救济旅社里"的扇谷眼中，起初，低一个年级的花森和田宫看起来是在城市里长大的软弱的"艺术派"。可到了后来，知道他们实际上"和我一样贫穷，也和我一样三年来

《帝国大学新闻》1934年11月19日版,登载了文学家、比较思想史家后藤末雄所写的《赤门怀古》。手写标题,粗线与细线组合的线框,以及一行留白等,是具有浓厚花森风格的排版。同月28日的图片版面也很有可能出自花森之手。(东京大学大学院情报学环收藏)

都穿着同一件西服"(出处同上),也是过着这般贫穷的学生生活后,他开始有些后悔,"既然是这样,当时要是关系能更融洽些就好了"。

实际上在"艺术派"这一边,虽然缺乏自发地向住在救济机构里的工人和儿童提供教育的行动力,可心境上,或多或少置身于左翼运动的一侧。在他们入学的1933年,2月无产阶级作家小林多喜二在筑地警察局被杀害,4月又发生了文部大臣鸠山一郎意图罢免京都帝大法学部教授泷川幸辰的"泷川事件"。当时是这样一个时代。背景也是在这一年,日本拒绝接受李顿调查团的报告书——报告指出"满洲"不是一个独立国家——从而退出了国际联盟。

以国文学科学生杉浦明平为例——

他的朋友当中很多人是左翼。6月17日,他受邀参加了东大最早的反对罢免泷川的校内集会(当时他在混乱的打斗中好不容易才免于被逮捕),但他对千篇一律的演讲怀有距离感,因此没有积极参与他们的运动。可是不久之后,他亲密的友人接二连三地被捕,他在孤身一人的恐惧和孤立感中决定加入帝大新闻社。

再说说田宫虎彦——

他也是国文学科的学生。他在大学毕业那年,参加了以大阪新锐作家武田麟太郎为中心的反法西斯青年作家组织,参与了《人民文库》杂志的编辑工作。他在新宿的一家咖啡馆里出席研讨会时,因参与非法集会而被淀桥警察局逮捕,不得不辞掉了好不容易才找到的首都新闻社(后来的东京新闻社)的工作。

与杉浦和田宫等人不同,在花森身上找不到任何参加过左翼运动或曾置身近旁的痕迹。的确,他在大学里一次都没有出席过军事训练课。那是他有意识地对极速军国主义化的社会所做的抗议?抑或只是懒散惯了?这就不得而知了。

只有一件事十分清楚。大概是这个时期,在总体来说不是政治派而是"艺术派"的花森心里,一个一直延续到《生活手帖》中的理念扎根了——我要用和政治不一样的手段,从根本上改变社会。

虽说同样是"艺术派",花森关心的领域不是杉浦和田宫他们关注的小说,也不是诗歌、音乐和戏剧。他总是拿着速写本不放手,勤奋地画着技巧娴熟的速写。亲密的朋友们都认为他定会成为一个画家。

不光是朋友会这么想。酒井宽引用的田宫的谈话中也说到，大学一年级时，他们曾经与武田麟太郎和无产阶级美术家柳濑正梦聚在一起。当时柳濑称赞了花森的画作，并盛情劝说他"别做其他的事了，专心画画吧"。

"座谈会结束后，田宫和武田两个人走在路上，武田边走边说，谈到了花森。他说，那可真是个厉害的男人啊。田宫问这话是什么意思，武田回答说，自己刚一发言，花森就打断了他，发表起不同的见解来，说的话都超过了学生的水平。"

"武麟"在引人注目这一点上向来不甘落后，人尽皆知。而能让这个长发男人都惊叹不已的年轻花森，他那身怀绝技的样子是不是如在眼前呢？另外，花森也给人留下了摸不透真实面目的印象。按照记者高濑广居的记录，著名画家、装帧家，人称"佐野繁"的佐野繁次郎曾说过这样一番话——"他是对绘画有着天生才能的人。如果不去东大学习美学，而是进入美术学校的话，一定能成为出色的画家。"（《现代男性论1·花森安治》）佐野繁次郎不久之后在伊东蝴蝶园成为花森的上司。

花森没有选择"别做其他的事",踏上成为"出色的画家"的道路,令周围的人大跌眼镜。文学也好美术也好,他舍弃了狭义的纯粹艺术家的道路,而是选择了更为广义的设计,也就是与艺术和日常生活紧密相关的、当时被视为二流的表现领域。

话虽如此,花森在当时还没有将这些概括为"设计",也没有明确的意识。这个词在当时的日本社会还没站稳脚跟。

花森身上所发生的事,大概是因为少年时代接触过前卫艺术运动的拼贴理论,从中学到的东西令他怀有一种确信——不只是从零开始的创作才是创作,用既有的东西组合起来,赋予其新的意义,也是一种创造行为。集合自己喜欢的事物、形式、语言,加以选择,再进行组合,令它们呈现出其他人不曾留意到的新的美和力量。相比作为纯粹的艺术家取得"大成就",他认为自己的能力更应该发挥在这一方面。最重要的是,这种工作要有趣得多,不是吗?

在这种欲望的驱使下,报纸的排版与编辑工作(这也是一种拼贴,也就是广义上的设计)之外,他也渐渐沉迷到服装设计和搭配的乐趣之中。

可他太穷了,要花钱的事都没法做。

于是他拆开身上的蓝色西装进行改造,戴着自制的造型奇特的帽子——被田宫虎彦称作"茶碗帽"——走在路上。这当中固然有吸引他人目光、展露时髦的一面,但在这个阶段,更像是前卫艺术家的奇特行为。兴之所至,他甚至把大浴巾从正中间开了个洞,把头套进去再用腰带系住,像长袍一样穿在身上,在学校里阔步而行,令身边的人大吃一惊。换句话说,这就是他一个人的时装秀。花森不仅能言善辩,还能若无其事地做出这种浮夸的举止,他就是这样一个奇异的青年。

因为种种原因,花森迟了一年才毕业,匆忙中完成了毕业论文,主题也是"衣妆美学"。

> 论文的标题是"从社会学美学的立场看衣妆"。"衣妆"一词结合了"衣服"和"化妆",是我自造的词。对衣妆产生兴趣,根据我能够追溯的记忆,是在我进入高中

以后。人们选择身着何物，将其作为一种社会现象来思考的话特别有趣。没有止于思考，我也依照这一思考改变了我的生活。

(《我这个人》)

他的主任教授大西克礼看了一眼标题就说"这可不行"。引用文献对于论文来说是必不可少的，能满足这种主题的文献肯定找不到。可是，无论遭到什么样的阻拦，青年花森却只愿意写这个主题。他花了两天时间死缠烂打，终于得到了教授的许可。

以此为开端的毕业论文，完稿究竟是什么样的呢？

能够想到的，仅有上文引用的这段回忆和来自扇谷正造的只言片语，他说那是一篇打破常规的论文，从古希腊罗马时代的披肩一直写到了短裙的长度。原本再也找不到比这更详细的介绍了，可终于在前些日子，土井蓝生意外地联系到我，说是在生活手帖社的仓库里找到了论文草稿（第一稿），每页两百字，共一百一十页。依照这个，我赶紧来为大家介绍一下论文在最初阶段的结构。

序章 研究对象与研究态度

第一章 衣妆的起源

第二章 衣妆与生活

(缺第三章,也可能是花森写错了)

第四章 衣妆美的表象

第五章 衣妆美的性质

从这里可以看出来,这篇论文的正式程度远远超过了我们笼统的想象。不知花森是否考虑到教授所关注的点,我们能从中感觉到一股拼命努力增加参考文献列表的用心。不对,这篇论文不仅仅是正式而已。"衣妆"不仅是工艺品,还要借由现实社会中每一个具体的人的"穿着"才最终完成——从叙述这一论点的"序章"开始,论文中随处可见各种言论,能让人一窥花森后来提出的种种主张。这一点首先就令我吃了一惊。

比如论文的第二章。

本章在"衣妆与生活"这一命题下,讨论了衣妆与风土、衣妆与阶级、衣妆与性别这三个主题。衣妆依照风土(气候、土地、民族)、阶级（统治阶级与被统治阶级）、性别（男性和女性）的不同而有所差异。论文对差异背后的原因进行了分析。到此处为止，所写的内容还算合理。可青年花森的主张并没有到这里就结束。这差异的理由，绝不是我们当代日本人所认为的那些决定性的因素——他一口气把论文内容推进到了这里。

以衣妆的性别差异为例，一般来说男性衣妆的装饰较少，女性的装饰较多。从社会性来看，这是"处于劣势的性别，从心理上不可避免地希望处于优势地位的性别能够'对自己抱有好感'"。这一点当然毫无疑问。可是，这无疑是以男性的优势地位不可动摇为前提进行的思考，花森继续写道：

> 如果想象一个女性占优势地位，男性依存于女性的社会，恐怕女性的衣妆会选择朴素实用的形式，男性的衣妆则与之相反，有可能会变得轻快、线条柔和，继而拥有优雅的形式。……两性的身体条件也会随着社会地位的变迁而变化，除去本质上的差异以外，在身高、肌肉力量、骨骼等方面产生一定程度的变化也不是不可能的事。

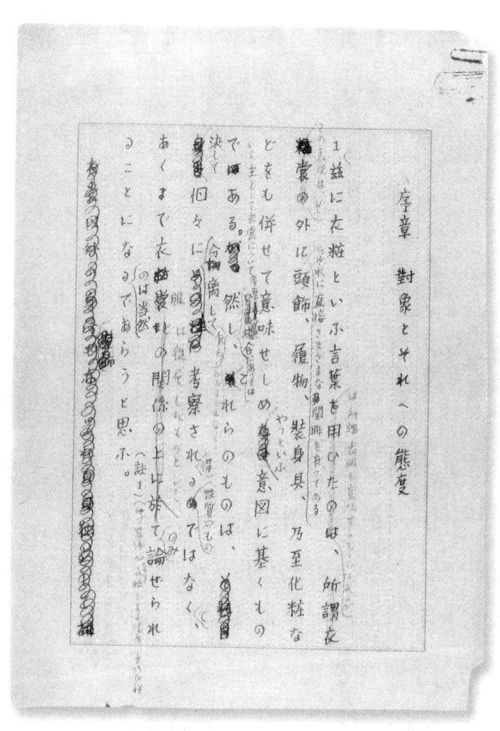

花森安治的毕业论文第一稿。大概是曾被花森保存在身边，直到1966年2月自宅被火烧毁时放到了生活手帖社的仓库里暂时避难，后来就一直存放在那里。整篇都有着仔细推敲的痕迹，卷末有"昭和十一年 十二月十二日初稿／十二月十八日再稿"的旁注。

他在学生时代的奇装异服和战后被传说穿女装,并不是为了吸引眼球的出格之举。可能确实有一些这方面的意图,但更为明显的是,这是一种以他的思想为依据而进行的社会实验。

那么关于"风土"他又是怎么说的呢?此前的衣妆都是依风土而定的,现在则因为"文明的进步",世界逐渐"单一化"。"阶级"关系也是一样。如今的被统治阶级,已经脱离了德川时代那种被强行要求的身份区分,出现了"被统治阶级的衣妆正逐渐接近统治阶级的现象"。其结果就是,衣妆上的阶级差异正被急速削弱。

这么一来,在我们所生存的社会,风土、阶级甚至是性别都不再是不可动摇的。在这样的新环境里,应该怎样去构筑社会性的事物和个人性的事物之间的"协调之美"(这才是衣妆的基础)呢?换言之,就是要为此搭建基础理论。花森在论文后半部分颇为苦战了一番。这个"草稿"则是在来回兜圈子,似乎还没找到突破口。

后来花森自己在我刚才引用的《我这个人》这篇文章中写道:"当时我写的内容,现在想想都是些让人冒冷汗的东西，那时我却觉得这可是世界上关于服装美学最早的文献哦，为此而十分得意。"

这么说来，他是在此后第二稿、第三稿的写作过程中找到了什么线索吧。扇谷记忆中关于披肩（长袍）和短裙长度的内容在这一稿中也没有出现。真想读一读完稿啊，可是读不到了。真遗憾啊。

第二篇

伊东蝴蝶园时期的花森安治。

第四章　用化妆品改变世界

伊东蝴蝶园与佐野繁次郎

花森在东京帝大读书期间，做的第一件事是成为帝大新闻社的编辑，第二件事是恋爱和结婚，接下来的第三件事，就是在化妆品公司"伊东蝴蝶园"打工。请允许我接着引用世田谷文学馆编写的"花森安治与《生活手帖》展"图鉴中的年谱。年谱在1935年一项中这样写道：

> 作为编辑部成员，他在向画家约插画和稿件时遇到了佐野繁次郎，并受到了对方的喜爱。尽管还是学生，他却开始在佐野负责广告制作的伊东蝴蝶园工作（每月工资

五十五日元），协助制作广告和宣传杂志。

当时花森二十四岁，正在读大学三年级。

可是细说起来，关于这个记述有两种不同意见。

其一，是酒井宽所著的《花森安治的工作》中的说法，花森最初拜访佐野的时间和年谱中的记载一致，确实是在身为大学报纸编辑的时期。之后不久——"佐野是个挺有意思的大叔，我于是不请自来，提出要给他干活。他问我什么时候能来，我回答明天就能来，于是就这么决定了。他问我月薪想要多少，我本来想说六十五日元，但又想客气一下，便说五十五日元，就这样定了下来"。

可是在酒井的说法中，后来发生的事和年谱上不一样。这次拜访的结果是，花森不是在大学三年级，而是在四年级的一年里在伊东蝴蝶园工作。后来花森自己也对《生活手帖》编辑部的成员们说过，"我到毕业时已经有了下属"。如果这个说法是正确的，那么花森第一次拜访佐野就不是在1935年，而是在一年之后，也就是他延期一年升上大学四年级的1936年春天。

另一种说法则来自田所太郎所著的《出版的先驱者》一书。在这本书里，花森拜访佐野既不是1935年也不是1936年，而是他大学毕业后的1937年初。当时，花森夫妇从神乐坂搬进了牛迁附近小巷（箪笥町）里的一处小小的出租房。"因为是刚从大学毕业，因此是昭和十二年。那个时代就算从学校毕了业，也很难找到工作。"田所这样写道。

"来花森家串门的朋友告诉他，佐野繁次郎在巴比利欧呢，能不能去找找他，拜托他给你介绍个工作。花森说道'是嘛'，当天就厚着脸皮去了位于麻布四桥的巴比利欧总公司，第一次见到了佐野，提出'我想在你们的宣传部工作'，佐野说了句'行啊'，据说就是这么一回事。"

之后，花森带着一张因为过度紧张而苍白的脸回到了箪笥町出租房里，向等在家里的友人说道"喂，谈妥了"。接着，他这样说：

"今晚去神乐坂喝一杯吗？"

是不是很有现场感？从这亲密的语气来猜测，虽然装作第三者的口吻来描写，但这位"友人"很有可能就是田所本人。

在这两个不同的说法当中，酒井的说法主要来自花森本人的谈话，至于田所的说法，在1969年这本《出版的先驱者》问世时花森依然健在，因此也不可能毫无根据地乱写。那么究竟是怎样一回事呢？花森开始在佐野身边工作究竟是在大学三年级（基于年谱），还是大学四年级（酒井之说），抑或是在毕业之后（田所之说）？哪一个才是真的呢？

——不用这么小题大做，只要把各种说法结合起来就能推测出一个大概。问题的关键在于结婚。1935年10月，花森和山内百代举行了婚礼，在一年多之后的1936年12月才终于向政府提交了结婚申请表。想象一下，也许是知道了翌年春天孩子将会出生，因此才匆忙提交的。所以，是他升入大学四年级的1936年春天或夏天——我认为，花森是在这一时期下定决心，为了新的家庭而不得不确保一份稳定的收入。

他听从田所的忠告去伊东蝴蝶园拜访了佐野繁次郎。我在这里省去烦琐的说明，但说这次见面是花森和佐野的"初次见面"，这一点的确是田所的误会。并且，花森当场就被录用，并不是因为佐野是一个随随便便的人，而是因为他敏锐地察觉到花森是一个水平远超一般学生的"厉害的男人"（武田麟太郎语）。这个年轻的男人身上有种力量——他对花森怀有这样强烈的印象。

根据《周刊朝日》编著的《物价史年表·明治大正昭和》中的记载，1937年，公务员上任第一年的月薪是七十五日元。花森记忆里从伊东蝴蝶园得到的收入是五十五日元，加上帝大新闻社的工资（十五日元），差不多是同样的金额。有了这些，总算可以维持亲子三人的生计了。这个"厉害的男人"一定也在心里松了一口气。

——好，今晚就去神乐坂喝一杯吧。

用化妆品改变世界

这一时期，也就是20年代后期向30年代过渡的时期，在花森这样的年轻人眼里，佐野繁次郎究竟是个什么样的人物呢？

佐野出生于1900年，是大阪船场地区笔墨商人的儿子，家境富裕。佐野比花森年长十一岁，在少年时代，他在大阪结识了比自己年长两岁的佐伯祐三,从而立志成为西洋画家。可是与后来进入东京美术学校(现东京艺大)的佐伯不同,佐野没有受过正规的美术教育。从这个方面来说,他对花森所做的评价——如果进入美术大学,也许能成为一个"出色的画家",取得巨大的成就——也许不仅是在说花森,可能也掺杂着对自身的几分无奈——拥有上佳的品味,可作为艺术家却未成大器。

之后,从二十多岁到三十多岁之间,佐野往返于大阪和东京,所做的工作可以借助林哲夫编撰的年谱(《佐野繁次郎装帧集成》)略窥一二:

〇与横光利一相识(1925年),持续负责其小说的插画和装帧。

〇主要在《三田文学》上发表戏剧和小说。

〇佐伯祐三客死巴黎(1928年)。以此为契机开始参加二科展。

〇与东乡青儿、古贺春江一起在筑地小剧场负责"蝙蝠座"剧场公演的舞台设计。

○开始以插画家、装帧家的身份活动。作品有杂志《作品》《文学时代》的封面,小林秀雄翻译的兰波的《地狱一季》、范·达因的《圣甲虫杀人事件》,还要岸田国士的《戏曲集·浅间山》等。

○成为伊东蝴蝶园的广告和包装设计负责人(1935年)。

看到这些,我终于明白了——原来如此。

佐野繁次郎在装帧和插画方面的工作,大多与现代主义文学有所关联,具体来说是与1930年开始活动的"新兴艺术派俱乐部"这一团体有关,这一学派与当时正处于全盛期的无产阶级文学运动相对立。浅原六朗、井伏鳟二、小林秀雄、川端康成、岸田国士,大致都属于新兴艺术派。他与新感觉派核心作家横光利一的相识恐怕是关键,据林哲夫叙述,他是通过犬养健结识后者的。舟桥圣一、今日出海、中村正常等人的"蝙蝠座"也是隶属于这个体系的剧团,佐野是成员之一。

不过,假如仅仅从中看到"无产阶级文学"与"现代主义文学"这一对立式的构图,也许有些过于政治化。这与其说是意识形态上的差异，不如说是1923年关东大地震之后，能否接受东京和京阪神一带的大都市里孕育而生的新兴文化，以及在摩登男女时代下对消费社会的风气和流行趋势是否敏感，我认为这些才是关键。

按照扇谷正造的说法，这可以说是"人生派"（贫穷的乡下人）和"艺术派"（熟知消费文化的都市人）在品味上的不同。身为大阪船场的商人之子，佐野繁次郎当然是后者。

出版社把书籍作为商品出售，希望增加它的附加值，因此想为其加入走在时代前沿的时髦外观。佐野那笔触轻盈的线条和明亮的色彩与这样的期待完美吻合，日渐受到向往摩登都市气息的年轻人，尤其是女性的欢迎。花森也是其中之一。少年时代，他在神户和松江时就很爱读新感觉派和新兴艺术派的作品，还曾灵巧地模仿过。至于佐野这个名字，想必他是知道的，毕竟那些书籍和杂志有不少是佐野设计的。

这位极受欢迎的设计师兼插画家佐野繁次郎，一直与伊东蝴蝶园的第三代社长伊东荣有私交，于是在1934年接受了伊东荣的委托，成为公司广告部的顾问。同一年，日本开始禁止制造自古以来含铅的化妆用白粉，无铅白粉领域的

上：佐野繁次郎（1900—1987），活跃于西洋画、装帧、广告设计、小说和戏剧写作、舞台美术等多个领域。特别是从1935年开始负责伊东蝴蝶园的宣传而为大众所熟知。商品名"巴比利欧"后来成为社名，伴随着佐野独特的艺术字而风靡于世。(摄影：新潮社)
左下：《妇人画报》1950年9月号上刊登的广告。

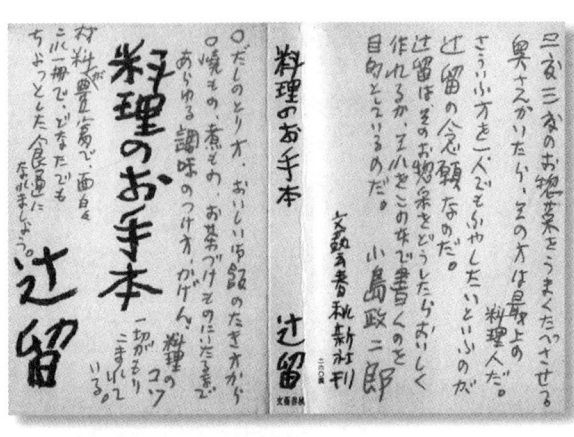

上：佐野繁次郎的装帧。辻嘉一《料理的范本》，文艺春秋新社，1958年6月出版。
下：《生活手帖》第2世纪18号（1972年6月）的电车广告。当然美术指导和艺术字都是出自花森。从文字的自由度和粗细的巧妙安排中，能够体会到两人的一脉相承。

竞争越来越激烈。在这一冲击下，伊东蝴蝶园曾经的招牌商品"御园白粉"（无铅白粉的鼻祖）的销量出现了剧烈下滑。佐野受到邀请，也被看作是为了应对这次的危机。

翌年（1935年），佐野构思的替代"御园白粉"的新商品巴比利欧开始销售。时髦的商标和清淡的包装色彩发挥了效果，商品转眼就极受欢迎。如果像前文推测的，花森来到佐野手下工作是在1936年的话，那么就是在巴比利欧发售的一年之后。从佐野的角度来看，日常的工作量因为新品牌的成功而增加，差不多需要一个值得信赖的部下了。此时恰巧花森揣着找工作的愿望出现，在佐野看来肯定有种来得正好的感觉。

那么站在花森的角度来看又是怎样的呢？他为什么会在这一时期想到要涉足化妆品行业呢？

就像我刚才所说的，一方面他接受了亲密友人的劝告，另一方面则是因为结婚和随之而来的孩子，对他来说尽快打牢生活的基础日渐紧迫。可是，理由恐怕不只这些。

关东大地震后，随着城市化进程的极速推进，人们对新风俗习惯的关心也日渐高涨。"改变日本人的日常生活吧，首先就从改变女性的生活方式开始",这一呼声在社会生活的各个方面越来越强。在这一潮流中,化妆品行业里产生了"推出化妆品来作为女性意识改革的象征"这一动向,此前一直被桎梏在家庭中的女性被新的化妆品和化妆方式赋予了生机,飒爽地走向街头和职场。换言之,化妆品改变了女性,进而改变了社会。大概就是这么一种倾向。

引领潮流的是生产"花椿化妆品"的资生堂。早在关东大地震前的1916年,资生堂创始人的儿子福原信三(后来的社长)从美国回来,设立了设计部(广告宣传部),网罗了画家川岛理一郎、小村雪岱,设计师兼插画师山名文夫等人才,通过海报、报纸广告、包装设计、店铺设计等,使得资生堂1872年创立的形象整个转变成现代风格,焕然一新。

并且,就像福原所写的"一切用商品说话"这句标语一样,从化妆品这一件件独立的"商品"开始,他提出了将美容科、美发科、儿童服饰科总括为一体的"三科"战略,创办了面向儿童和家长的杂志 *Ohisama*,还更进一步,设立了堪称银座街头文化沙龙的资生堂 Parlour 店铺。包括硬件和软件在内,他们把对美好生活的理想扩散到了所有领域,开展了令人眼前一亮的活动。

这样一写各位就明白了吧。花森安治在毕业论文里将"衣服"和"化妆"组合起来,造出了"衣妆"这一奇妙的新词。这种组合,即把服装和化妆紧密结合在一起的做法,与资生堂"三科"的想法不谋而合。并不是只有青年花森才有这种古怪的想法,那个时代的气氛确实令人想要做出类似的事情。

说到古怪,拥有"花王香皂"品牌的长濑商会也十分古怪。

1927年,长濑富郎作为第二代社长,在海老名弹正的本乡教会与一位名叫太田英茂的年轻编辑意气相投,将其拉进公司作为广告文案的负责人,开始了大规模的公司改革和花王香皂新包装的宣传活动。摄影师木村伊兵卫、策划人冈田桑三,以及在新产品的包装设计大赛中获胜的年轻设计师原弘,也加入其中。长濑和太田两人认为,花王香皂是"由大众孕育的大众香皂",希望这款香皂能掀起一轮"社会改革运动"——多川精一在撰写的太田英茂传《广告不是我们终生的工作》中写到过这一点。对他们来说,"无论是皈依基督教,还是进行社内改革和销售新产品,都是为社会和大众所做的改革运动"。

周围的人无法理解他们的这套理论。我也不太理解。大概也是出于这一原因,他们的运动在短短一年之后就结束了。太田离开公司,正式作为制作人和艺术指导开始活动,后来成立了"太田学校",被称为"广告之神"。在太平洋战争期间,陆军总参谋部授意设立了东方社,太田作为事务总长,参与了对外宣传画报 Front 的出版发行。

虽然篇幅不够详细说明,但这种趋势的追逐者还可以加上生产"Club 化妆品"的中山太阳堂。该公司 1903 年在神户创立,后来搬迁到大阪,设立了名为柏拉图社的子公司,负责化妆品的宣传和杂志出版。这里吸纳了因关东大地震而离开东京避难的川口松太郎、直木三十五、岩田专太郎等人,出版发行了《女性》《苦乐》等很受欢迎的杂志,是现代主义在阪神间的据点。资生堂的山名文夫也是在这家柏拉图社里第一次参与了设计工作。

就这样,从化妆白粉、化妆水,直到香皂,化妆品作为商品，与女性思想改革和新文化活动直接相关。所以，历史悠久的伊东蝴蝶园才会期待着靠巴比利欧化妆品这一新品牌刷新形象，并将这项工作委托给佐野繁次郎。年轻的花森安治也被拉了进来。

在那之后的一年里，花森在工作上好像十分努力。他那别具特征的艺术字酷似佐野的作品，令人一眼就能看出来。这一方面说明他受佐野影响的程度之深，另一方面也说明宣传语和排版等所有佐野不擅长的工作很快就交到了新来的青年花森手里。酒井宽曾经记录下五所正吉的说法，他当时是伊东蝴蝶园的总务部长，也是广告负责人。

"我不太清楚花森是什么时候入职（广告部）的，可是佐野总的来说是一个技术派，像报纸广告的广告语等主要是由年轻人花森来写。花森的广告语里没有什么艰深的词语，用词亲切是他的特征。无论是文案的组合方式，还是文字的排列，都是花森自己一个人的舞台。"（《花森安治的工作》）

如果照这样顺利地发展下去，花森或许会成为能代表日本的著名广告人。周围的人似乎都从年轻的花森身上感受到了光芒，认为他能够获得这样的成就。

可是不用说,现实没有朝这个方向发展。就这样过了一年,在1937年夏秋之交,花森身边接连发生了两件大的变故。其一是佐野前往巴黎游学。而另一件,就是花森自己作为一个士兵,不容分说地被送上了战场。

根据前文提到的林哲夫编写的年谱,佐野在1937年8月前往法国,就读了两所美术学校,并在他敬爱的画家亨利·马蒂斯门下学习。之所以出国,原因之一是他害怕照原样下去,自己最终只能成为一个成功的广告艺术家;另外一点,估计他也想告慰九年前在巴黎去世的佐伯祐三的在天之灵。往后的工作就交给年轻的花森了——毫无疑问,这种想法也是存在的。

可是紧跟着,花森的手旁飘来了入伍通知书。这样一来,佐野和花森在巴比利欧广告部身为上司和部下的关系仅仅维持了一年左右就被迫中断了。

第五章　受召入伍

我等一分五厘之民

1937年7月7日，日本关东军和中国军队在北平近郊的卢沟桥发生冲突，日本全面侵华战争开始了。

同一年，花森接受了征兵检查，结果是甲种合格。翌年1月10日，他作为筱山步兵七十连队（筱山指丹波筱山，据马场诚的考证，这里是"花森祖父的出生地"）的一员，被送到了位于松花江——黑龙江在中国境内最大的支流——北岸一带。

据我所知，身为一个士兵，关于在这严寒地带所经历的种种，花森在战后并没有公开发表过详细的记录。虽然有片段式的短文和发言,但极为稀少,只零零散散地留下了一些。我忽略时间顺序,先介绍几篇吧。首先是《文艺春秋》1956年4月号刊登的一篇两百字左右的文章《一张红纸》,这是一张他身着防寒服的照片下所配的说明文字:

> 名为依兰的小城里曾派驻过部队,不知道那地方现在叫什么。昭和十三年,我身为甲种合格的现役军人,是所谓的上等兵。每当大家因作战而疲惫不堪时,便会说起从前吃过的东西——接连不断、细致入微地进行描述。等说厌了这些,便开始说起逃跑回国的路线,声音压得很低,却讨论得更加投入。每每说到朝鲜海峡,言语就变成了叹息,话题也随之终结。大家随后陷入沉默,各自拖着疲惫的身体四散。真想回家啊。

以上就是全文。依兰是现在黑龙江省哈尔滨市依兰县。花森前往的似乎是位于那一带的一个"小城"。接下来还有一篇,是人们相对熟悉的《瞧吧!我们一分五厘的旗》。这首诗刊登在《生活手帖》1970年10月号上。在这一自由诗形式的散文里,有着下面这样一节——

在只有一颗星的二等兵时代 负责教育的军曹 突然说道／只要一分五厘 就能找到代替你们的人／战马却不可替代／闻言 我惊得目瞪口呆／过了一会儿 怒气便涌上心头／那时的明信片是一分五厘／他说的是 军队 只要用一分五厘的明信片 就能召集到取之不尽的人……／可是 无论多么生气 我也无能为力／是吗 我们就是一分五厘／对吗

把这两段文字结合起来,我们所能了解的也仅仅是花森作为最低等级的二等兵被召集入伍,不久之后,不知怎的跨过了一等兵的军衔直接升为上等兵。可是仅有这些,实在是太过简单,我无法满足。"只要一分五厘 就能找到代替你们的人"——这一来自军曹的漫骂,不仅仅是花森,很多曾经身为士兵的人在各种场合都写过或说过。

在那之后,我读了他和池岛信平、扇谷正造的三人对谈《原一等兵的再军备观》,从中了解到了一些更为具体的事情。对谈刊登在《中央公论》1952年11月号上。所谓的"在那之后",指的是2013年的春天。这篇对谈在LLP Bookend公司发行的《花森安治集·战争、厨房、政治篇》里首度重刊,多亏这样,我才终于能读到它:

花森:(在前线)我所知道的职业军人只有两个人。一个是上尉,一个是中尉,我只知道这两个人。那些比他们军衔更高的人,我们虽然能看见,可对于我们这些士兵来说,那就是所谓的佛像,是神,那个族类可不是我们一般的人类。话说那个上尉,是我所在中队的中队长,先说结论——我对他有着同为人类的好感。但我对后来成为中队长的那个陆军士官学校出身、二十岁左右的中尉则恨之入骨——现在假如在哪里碰到他,我也很想找个借口干一架(笑)。

上尉是从士兵升上来的,好像是乡下出身,是家里的次子还是三子来着,然后参了军。服役期满之后,他就算回乡下也没事可做,于是申请成为下士官,接着是伍长、军曹、曹长,成绩不错,所以后来报名成为军官,终于升到了上尉,是个五十岁左右的大叔。像我这样的人大概很难一跃成为上等兵（笑）。

……说到我的甲种合格，这又是一个凄惨的故事。简单来说，就是办事处负责征兵的人凭空杜撰，说我小学没毕业就退学了（笑）。像我这样的人出了大学基本上都会是乙种，可我的结果却是甲种。上尉在我入伍后知道了这件事，可能觉得我挺可怜的——这位从士兵晋升上去的五十岁左右的中队长真的非常照顾我，还让我做了中队事务室使令。

扇谷：中队事务室使令是需要动脑子的工作，这类事务性的工作只会选优秀的人去做。

如果花森在学生时代认真履修了每周一次的军事训练课，便会拥有干部候补生的资格，假如在入伍后立刻申请，说不定能成为下士官。花森尽管没有刻意抗拒，却没有将其作为自己的选项。他把对人所怀的零星关心放在了这个从士兵晋升上去的老上尉的身上，而没有用在身为精英的职业军人身上。

花森说过，无论是在军营还是在战场，入伍第一年的士兵要想读书可不是一件容易的事。连岩波文库出版的《青梅竹马》都不允许，战地版的《文艺春秋》也不行。可是，这个老上尉却对他说："你如果有想读的书，我会给你盖章许可。"也多亏了他，花森才能够让家人为自己寄来非常想读的书——他入伍后不久由岩波文库出版的亨廷顿的《气候与文明》。

从军手帖

另一方面，花森在老上尉的继任者、出身陆军士官学校的年轻中尉那里却吃尽了苦头。

安冈章太郎比花森晚几年入伍，他曾经是庆应大学预科落榜生（比花森小九岁），在征兵检查中获得甲种合格，1943年作为近卫步兵第三连队的一员被送到了中苏边境一个名叫孙吴（现黑龙江省黑河市）的地方。这里是沿黑龙江比花森曾经待过的依兰更靠近北边的位置。根据安冈所著的《我的昭和史 I》，身为二等兵的他在那里屡次受到各种私刑，比如被皮制的军靴踩在脸上，或是以惩戒为名在风吹雨打的户外罚站一个小时，等等。

我想，或许在程度上有差异，花森的身上是不是也发生过同样的事情呢？但与安冈不同，花森对自己所遭受的令他"恨之入骨"的事情从来没有做过任何具体的说明。

这还真是让人为难啊。他为什么不把这些完整地写下来呢？

当我对土井蓝生女士流露出这般抱怨时，"哎呀，我怎么给忘了"——她说着，把下面三本陈旧的记事本给了我。

a．陆军恤兵部派发的"从军手帖"。是他 1939 年在战场上染结核后，被送往和歌山陆军医院的途中开始写的。

b．日本评论家协会的"手帐"。无法确定具体使用时间，但恐怕是在 1944 年从大政翼赞会的宣传部调到文化动员部之后不久开始使用的东西。

c．富士电机制造株式会社的社员笔记。封面上有数字"2605"，即皇纪[1] 2605 年，也就是写于大政翼赞会解散和战败近在眼前的 1945 年上半年。

---

[1] 皇纪，即神武天皇即位纪元，日本的纪年方式之一，比现行西历早 660 年。

上：花森 1945 年的笔记 c。
下：从军手帖 a，被认为是 1939 年至 1940 年在陆军医院疗养时所写。
(均为世田谷美术馆收藏)

这三本都是用铅笔写就的临时的潦草记录或俳句，没有能算得上是日记的、妥善书写的内容。

b 和 c，我在后文会详细介绍，先从 a "从军手帖"说起。我已经从酒井宽的书中得知了这样一本东西。"里边附有昭和十三年和十四年的日历，应该是在医疗船里写的，有诗、短歌、俳句、作为患者的住院心得等，有反复擦写的痕迹。其中也有关于战斗的描述。结冰的松花江、枪声、向右射击、向左射击、倒下的人、发狂的马、爆炸——有包含这些内容的短歌。"（《花森安治的工作》）

在蓝生女士的好意之下，我得以初次接触这件实物。它纵一百三十五毫米、横八十毫米，全册为白纸黑布面精装，是平凡无奇的小笔记本。开头的几页有中国东北的地图，关东军参谋长板垣征四郎所写的毛笔字"恤兵，征四郎"，重大节日和纪念日，国旗知识，度量衡表，昭和十三年和十四年的星期表（酒井所说的日历）等，还印着由陆军恤兵部撰写的前言："本手册由国民热情捐赠的恤兵款制作，派发给所有从军者。昭和十三年九月，陆军恤兵部。"根据汉字辞典，"恤"这个字的意思是"向前线的士兵赠送慰问的钱物"。慰问袋的发送也是一样。旧日本陆军里有部门专门负责这项工作。

根据学者唐纳德·基恩的研究,在同一时期,美军因为担心情报落入敌人之手而严禁写日记。然而日军哪里谈得上严禁,"到了新年不仅特意发放了日记本……还下达了必须写日记的命令",这段记述是我在基恩的巨著《百代之过客》中找到的。基恩所说的"日记"指的自然就是从军手帖。可是,"必须写日记"的命令单纯只是一种方针罢了。花森曾在1954年《周刊读卖》上自己的连载专栏中提到,所谓的"世间"往往"沦于谎言的束缚",他这样写道:

> 这一结构在军队中最为明显。当我还是新兵时,曾被命令写日记,要求无论任何内容都要毫无隐瞒地写下来。我因此写下"今天的演习太冷了,很累",结果遭到一顿毒打,被打得——就像这个词的字面意思那样——眼冒金星。因为实在是太害怕了,我在第二天写下了"我认为演习的时间可以延长一些",发回来的时候这一部分被画上了红圈,写着"带着这种精神好好干吧"。
>
> (《不要撒谎》)

虽然稍显夸张，但应该是发生过类似的事。可假如这是在"新兵时"发生的，也就是刚到依兰不久，那么对自命不凡的年轻职业军人的"恨之入骨"则又是另外一件事了。

出于这方面的担心，其实很少有人将从军手帖作为日记本来使用，士兵们使用的大多是笔记本和外边买来的日记本。事实上无论是小津安二郎、井上靖，还是久生十兰，战后公开的战场日记都是这样。这么一来，花森可能也拥有和这个不同的日记本。假如真是这样，日记本应该已经在1966年自家失火时与很多藏书和资料一起化为灰烬，早就不存在了。有三本手册能留下来已经算是奇迹了。

不管怎样，我先读了一遍。在开头的一页写着下面的文字，像文学青年似的稍微有一点装腔作势的感觉。

只要你还活着

我也想活着

乌鸦群聚

在结冰的松花江面

二月十六日住进依兰陆军医院

二月十七日转院至佳木斯陆军医院

花森在依兰附近经历了几场小规模的战斗,同时度过了新年。1939年2月,他意外地因结核引起的肺部浸润性病变而病倒,穿过松花江被送到了位于南岸城市佳木斯的陆军医院。虽然并不像酒井宽所推测的"是在医疗船里写的",但从日期上来看,花森应该是从那时萌生了在年初发放的从军手帖上记录点什么的想法。他应该推测到,自己到了这里,应该不会再被检查私人物品了。

手帖上的字是偏大的圆润的楷体字,全部用铅笔写成。"只要你还活着/我也想活着",这开头的两行,之后也出现了好几次。这是他迫切的想法,也可能是身在日本的妻子寄来的信里让花森印象特别深刻的句子。

他写的内容几乎都是短歌、俳句,或是类似诗的片段,有时还散落着行程的记录:

肺浸润(十五)三月二十日确定

三月六日 牡丹江

三月九日 铁岭 → 十一日到达

三月二十五日 大连 → 二十七日到达

二十八日 午后三时从大连出港

二十九日 上午十一时到达青岛

三十日 上午十一时从青岛出发

浓雾。苍白的雾。上层甲板。雾气流淌。

蓝染、肠胃药爱表斯（EBIOS）、体重、和歌山转院、《新青年·增刊》。

于是

我活下来了

在初秋

心胸开阔 天高流云

他从依兰沿着佳木斯、牡丹江、铁岭南下，在位于辽东半岛南端的大连坐上医疗船，经过山东半岛东岸的青岛，向东横跨过黄海到达博多港,再转往和歌山的陆军医院。时间大概是在4月初。马场诚在《花森安治的青春》一书中已经查明,这个医院是和歌山县西牟娄郡白滨町的负伤军人白滨温泉疗养所。"于是／我活下来了"这一感慨,因为紧接在其后的是"在初秋",可想而知是好几个月之后的事了。事情经历了意料之外的发展,他跨过了难渡的海,得以从束缚中解脱。

陆军医院

在阅读从军手帖时我发现,尽管有"心胸开阔"这样的描述,可花森在这一时期所体会到的解脱感中却包含着两种杂音。其一,是从依兰到和歌山的途中,他一路上一直怀抱的、独自一人脱离战场的"歉意"(前文引用的酒井宽的书里也指出过这一点)。

"疾患并非军人之耻 曾有此一说 我却不感慰藉"
"月台上行走的警卫兵里有我的战友"
"雪光 战马右转 尖兵的喊声"

"五点爆破 我卧倒 肩负电线葡匐"

"膝盖靠近膝盖 战友压低了呼吸"

这里所写的"战友",大多指的是那些出生于贫困的农村和山村的人,他们在应征入伍后才生平第一次吃到炸猪排。花森在前文引用的《原一等兵的再军备观》中曾提到,自己刚加入军队时曾为此"大吃一惊":

> 我们会收到慰问包。慰问包不是来自国内,而是由临兵部官方制作的。有士兵把这慰问包里的东西全部包好寄回国内。当时一等兵的工资我记得是八元八十分,有人在第一个月里就存了八元五十分。这么一算,那个月的零花钱就是三十分。然而他在接下来的一个月里又存了九元四十分,也就是一分钱都没有花。在医院时,我的隔壁床是一个在秋田还是山形的山里烧炭的上等兵,我们因此聊了不少,他说在自己的故乡一天只能赚到几分钱,和那比起来军队的报酬实在是太难得了。这样的人在士兵中占有相当大的比例。

对于这些人，为了与"职业军人"相区别，花森更想称他们为"职业士兵"。陆军士兵出身的中尉毫无疑问是"职业军人"，可同为中队长，从士兵升上来的老上尉就不一样。他有着不为军规所束缚的人情味，所以花森在个人的措辞上不愿称他为"职业军人"。对花森来说，这个区别似乎相当重要。很久之后，他在与儿科医生、评论家松田道雄的对谈中曾这样说过——

> 今天，那些针对军队做出发言的人，大多是军官，或是所谓的学徒出阵，这些人或被任命为见习军官，或被任命为少尉，都可以算是军官。……因此我才会用军队如何、士兵如何这样的说法。很多人提到军队时必定把军官和士兵混为一谈，我还是对这一点感到很无奈。仅此一点，我忍无可忍。……军官是精英，是特权阶级。……对于那种级别的人来说，我们这些士兵像蝼蚁一样。……因此（我一直以来）都（表现得）拒绝权威，是有道理可循的，不是刻意为之。我自己在感情上仅仅是在为对方的冒犯而做出反抗而已。
>
> （《医生、军队、战争与保险》）

花森对包括那位老上尉在内的"职业士兵"们怀有"同为人类的好感"。与之成鲜明对比的是，他对"职业军人"和后来"学徒出阵"的见习军官自不必说，就连对本该与自己是同类的"大学生出身的士兵"也怀有不少反感。虽然同为士兵，可他觉得这些人作为干部候补生"工于钻营，深知那些迎合权力（职业军人）的方法"（《原一等兵的再军备观》）。

照这样说，他对自己又是怎么想的呢？

自己的确不是干部候补生，可利用帝大学生这一履历被迅速提拔为上等兵，得到了中队事务室使令这一轻松的工作，从钻营和处世之道来说，自己意外地和那些人没什么两样。花森怀有这样痛苦的自我认知。再加上自己现在又一个人在国内的医院里安稳度日。最重要的是，自己不用依靠战时工资，国内留守的家人会从伊东蝴蝶园那里收到每个月的工资。一想到这些，他对"战友"们所怀的"歉意"就更加强烈了。

不仅是这些。在他所体会到的解脱感中还有一种未来不可预测的烦恼。随着回归日常的日子越来越近，他的不安也在一点一点增加。按照从军手帖中的内容,那不安的中心是与妻子之间不稳定的关系。

> 我的心
> 在难以开怀的夜晚
> 独自关在房间里
> 燃香
>
> 你的爱
> 已渐贫乏
> 我悲伤地反复阅读
> 这来自妻子的责备
>
> 我如此爱你
> 却如此不被爱
> 宣泄般写下
> 这般戏言
> 仍不得慰藉

毕竟这是神户没落的贸易商家里颇有知识分子气质的儿子，和全松江最大的商户里好强的"大小姐"之间的婚姻。因为贫穷和就业上的困难，他们面临着完全看不到未来的困境。大女儿出生后，在手忙脚乱的日子里，年轻的夫妇尚没有余力彼此好好地和解，花森又忽然被送到了军队。假如真能平安复员，此刻他所想的是今后该如何构筑亲子三人的生活。他内心的不安从这些诗句中直白地流露了出来。

幸运的是在从军手帖之外，我还找到了其他能代表花森这一时期心境的资料。花森"宣泄般写下／这般戏言"的那些书信，其中1940年和1944年各有一封留在了土井蓝生女士的手边。她说这是母亲百代在生前珍重保存的。

其中有一封信上盖着昭和十五年（1940年）2月1日的邮戳，经过蓝生女士的许可，我在这里向大家介绍一下。

首先献上亲吻，我最爱的小内。

1. 我身体很好，已经完全不发烧了。想到再过几天就能再次和你一起生活，我特别高兴。

2. 卧铺票卖完了，我的日程被打乱了一天。如果你方便的话,请在3日晚上动身。

3. 信封里有大阪—东京的特急车票。当天去买的话肯定会因为售罄而买不到。

4. 你乘坐的火车,是4日早上的,七点十五分到达大阪。特急是早上八点零四分从大阪出发(标有"信封里的特急车票是这趟火车"的注释),到达东京好像是四点四十分(标有"特急列车不停品川站,要在东京站下车。我去东京站接你"的注释)。

5. 一定要给我发电报,我才会安心。

6. 昨天早上箱子送到了,几乎和我同时到达。

你那边也很不方便吧,所以用布包就行了。

7. 已经说过好几次了,不要胡思乱想、给自己增添烦恼了。

当心不要感冒。

让我们充满活力地在品川站见面吧。我的身体非常非常好。不用担心。

阿安

给我最爱的

小内

许多个吻

我这就出发去东京。字迹潦草了些,对不起。
木炭的话,还是四袋可以吧?
这边是大城市,街上戴着白色帽子的人成群结队。

从这封信中可以看出,花森安治应该是在 1940 年初从和歌山的陆军医院出院的。其实,在前文中稍有提及的安冈章太郎也和花森一样,在 1944 年 8 月因为发高烧而从孙吴被送回国内;1945 年 7 月,即日本宣布战败投降的一个月前,他被送进了金泽陆军医院。当时冲绳已被占领,最高战争指导会议决定"本土决战"。根据《我的昭和史 I》中的记述,某一天——

护士过来通知我去医务室。……等我到了那里,主任护士递给我一张简陋的命令书:

陆军二等兵安冈章太郎

上记人员 因左肺渗出性胸膜炎之故，免除现役，命令退院

七月一日 金泽第一陆军医院院长

花森很可能也收到了同样的命令书，被"免除现役"了。信封上的收件人写的是"松江市天神町十三 山内家 花森百代女士"，背面则写着"神户市须磨区平田町五丁目四号 花森安治"。从这里能看出，他出院后先回了一趟神户，联络上了妻子——在丈夫被征召入伍期间，她和年幼的女儿一起回了松江的娘家——再回的东京。因为特急列车不停品川，所以约定在东京站相会，他一边特地注明这些，一边却在后文写下"让我们充满活力地在品川站见面吧"。面对这时隔两年的再会，想必他是被激动的心情冲昏了头脑。

他怀着对"战友"们的歉意，以及对能否适应即将回归的日常生活的不安。作为士兵，他还能感受到真实的战场与后方的气氛之间，那微妙的落差所带来的违和感。不仅是

花森，读过小津安二郎日记等资料的话也会明白，从战场上回国的士兵中，有很多人体会到了那种反向的文化冲击。

当时花森二十八岁，百代二十六岁。

哦，原来在那时，他们彼此互称"小内"和"阿安"。并且还有"给我最爱的／小内／许多个吻"。之前我写到过他的"单纯"，却没想到是这种程度。

第六章 奢侈就是敌人!

奢侈就是敌人!

1940年2月,花森安治返回东京,按照原定计划回到了伊东蝴蝶园。出现在办公室的他还留着士兵的板寸头,穿着自己按照国民服样式改造的西装外套,据说目光炯炯,让人感到一股奇异的力量。

他的上司佐野繁次郎已经在1939年的夏天,从巴黎出发经由纽约回到了国内。那年9月,纳粹德国侵略波兰,英国和法国也对德宣战。他之所以回国,应该是受紧张的欧洲局势所迫。回国后,他一边做着巴比利欧广告部的工作,一边为横光利一的《旅愁》、林芙美子的《鱼介》、织田作之助的

《二十岁》等书籍做装帧,悠然恢复了和从前毫无二致的生活。

花森紧接在佐野之后回归了职场。可是,那里已经失去了往日的活力。全面侵华战争开始后,差不多过去了三年,在花森被军队调离的这一段时间里,日本社会中孕育了一种沉重的气氛,不允许人们再迷恋化妆品等物。

已经谈不上"用化妆品改变世界"了。

这一年的7月7日,日本实行了限制制造和销售奢侈品的规定,即"七七禁令",耳环、戒指、衬领、腰带、束腰带、梳子等都被视为奢侈品,商品的制造和销售都被严加管制。化妆品中虽然只有香水被禁销,可无论法律有没有明确地规定限制,到了这个时候,生产化妆品不可或缺的香料也已经中断进口,面霜也好,白粉和口红也好,都不得不依赖质量不佳的国产替代品。

高调的宣传自然是不能做了,也没有办法做了。在这一时期,花森参与了两件工作。其一是创作了"奢侈就是敌人!"这一基于"七七禁令"的国策标语。另一件是和佐野一起,在刚刚成立的生活社发行了《妇人生活》这套改善生活的丛书。

首先，说到前者，那句恶名远扬的"奢侈就是敌人！"的作者好像是花森安治。战后不久，这一流言便在熟人圈子里传开了。也有人做证说——不对，不可能，不仅不可能，我还目睹过花森在战争期间把这个标语改编成"奢侈是极好的"来加以讽刺呢。也有说法称，花森是作者的确是事实，可他从开始就有意识地将"极好"（日文汉字写作"素敵"）这一反话考虑在内，而使用了"敵"这个字。依照惯例，花森自己对此只字不提，这个话题唯有在暗中静静地发酵。

实际上是怎么一回事呢？

前文提到的"七七禁令"这一背景中，包含了纳粹德国派的总体战理论——不分前线后方，将举国的劳动力（国民）和物资都投入进去，把战争进行到底。

为了实现这一点，以第一次近卫文麿内阁为首的内阁会议，1937年通过了国民精神总动员实施要点，随即成立了国民精神总动员中央联盟（简称为"精动"），在翌年正式制定了国家总动员法。1940年7月，在花森回归职场的五个月之后，短命的米内光政内阁因为和陆军间的摩擦而终结，第二次近卫内阁随之开始活动。同一时期，"精动"成

立了全面废除奢侈委员会,确定了"彻底抑制使用高价奢侈品的方略"。以下内容是《遍地理想的战时日本》里井上寿一的记述:

> 废止奢侈运动将六大都市(东京、京都、大阪、横滨、神户、名古屋)作为实施的重点地区进行强化。之所以是这六大都市,主要目的是"使上层富裕阶层彻底做到对奢侈的自我节制"。"精动"组织了街头推进队。在妇女团体的协助下,街头推进队站在市内显眼的地段,散发"节制卡"。卡片上写着"戒穿华美的服饰吧/这种时刻把戒指全都摘掉吧"。
>
> 除"节制卡"外,还有立式的广告牌。在东京市内,立起了一千五百块写有标语的立式广告牌,广告牌上的标语是"奢侈就是敌人!/日本人绝不应该奢侈!"。

立式广告牌上所写的"奢侈就是敌人!"这一标语,即使到了战后,也作为一句足以象征那个时代沉重气氛的话,渗入了人们的记忆。是花森写的也好,不是他写的也好,会产生这些流言,足以显示这个标语的力量是多么强大。

马场诚在《花森安治的青春》里写到,这个标语是巴比利欧广告部受精神鼓舞同盟("精动"的外围团体)的委托,由花森创作的。我仅凭目前掌握的资料还不能下此断言,但花森应该是接受了"精动"废止奢侈运动的委托,并且颇为用心地创造了这个标语(至少前半句"奢侈就是敌人"是这样的)。如果说这就是事实,我丝毫不会感到惊讶,在这一点上我的想法和马场诚是一致的。

虽然缺少决定性的证据,但是有几个间接性的证明。

首先,花森安治在这一时期还不是一个坚决的反战派——不像后来他发表的《一分五厘的旗》中所传达出来的那样。那样的花森是战后过了相当长的一段时间才出现的。关于这点,他在1978年去世前不久,回答过读卖新闻大阪总部社会部的提问,从当时的说法当中能找到一些痕迹。

> 我,还有像我这样的人,因为我们从小受到的教育就是必须保护日本这个国家。所以啊,……为了获胜我们可是拼尽了全力。现在都明白了,那是不对的……事到如

今,又说我们不痛不痒,说什么机会主义,说什么不要这么计较。……所以啊,越是这样,我受到的打击也越大。从今往后,我决不会再为战争出力了。我只能把这作为补偿。就是这样,从今后往后,你们就好好看着吧。

(《我们究竟做了些什么》)

诚然,"我"受到了同时代的新文化和艺术的不小影响,可与此同时,因为儿童时代从学校和报纸广播中接受的爱国教育,也会条件反射似的产生"必须保护日本这个国家"的想法,这是花森想要表达的。当时的青年花森恐怕发自内心地那样认为,不是仅仅做个姿态而已。还有一点,自己幸运地因为生病而被送回国内,对留在战场上的"战友"们所怀的歉意也加重了这种心情,这一点也不能忘记。

很多人说过,花森带着浓浓关西口音的说话方式极有说服力,我当然没有机会亲耳听到。读了这个采访,我才第一次体会到了一鳞半爪。采访他的人大概是读卖新闻大阪总部社会部(也就是所谓的黑田军团)的黑田清。这是一个以反骨而闻名的人物,后来被读卖新闻驱逐。两人同是来自关西，花森因此可以用关西口音拖长腔调来说话。

当然，仅凭这些，不能断定花森真正参与制作了这个标语——且不论制作委托到底是经由公司，还是通过其他渠道。此外，我们还必须介绍一下花森在这一时期所做的另外一项工作，即《妇人生活》这套改善生活的丛书。

《妇人生活》丛书

所谓的《妇人生活》——我在这里姑且称为"丛书"——是杂志形式的系列书籍的总标题，在第一册"后记"上预告了每年将发行四册，共十册完结。可是这一预告最终没能实现，丛书以每年一本或两本的频率总共出版了四本，之后就中断了。我先列举一下这四本书：

第一册《妇人生活》（B5开本）1940年12月发行
第二册《仪容读本》（B5开本）1941年4月发行
第三册《住居与服装》（A5开本）1942年1月发行
第四册《生活的窍门》（A5开本）1942年6月发行

此外还有一本结构和排版都与它们相同的单行本，后来由另一家名为筑地书店的出版社发行。实际上它可以认为是这套丛书的续篇，我在这里把它作为"第五册"加入列表。

第五册《布匹研究》（B6开本）1944年3月发行

也就是说，四年间一共发行了五本。令人印象深刻的是，因为战况恶化和纸张供应不足，开本也变得越来越小。

第一册的版权页上写着"编辑兼发行人铁村大二"，第二册变成"今田谨吾"，第三册和第四册是"编辑今田谨吾，发行人铁村大二"，第五册则变成了"编辑小山胜太郎，发行人大泽庆受"。其中今田和小山是研究生活文化的专家，也是从衣食住的实践方面为这套书籍提供支持的"东京妇女研究会"的成员。关于铁村，后文会再提到。每一本目录背面的"装帧"一栏都大大地写着佐野繁次郎的名字，可不知为什么，就是找不到花森安治的名字。

或许是出于这个原因，从前往往认为这套丛书的中心人物是佐野，花森不过是一介助手。可是，无论是编辑还是

1940年至1944年发行的五本书（前四册由生活社发行，仅第五册由筑地书店发行）。虽然开本各不相同，但因为内容结构和作者一致，看得出来是同一个系列。每一本都写着装帧佐野繁次郎，并刊登了安井半太郎（即花森）的连载《和服读本》。

改变日本生活的男人

排版，丛书整体的感觉都和后来的《生活手帖》太过相似了。因此不少人揣测，恐怕花森是把佐野制作《妇人生活》杂志的手法，原封不动地剽窃到了后来的《生活手帖》中。说实话，我也曾有过一点"难不成真是这样"的感觉。酒井宽也曾经指出，在伊东蝴蝶园时，"出生于大阪船场的佐野拥有洗练的色彩感和商业嗅觉，花森完全将其变成了自己的东西"。这一点也留在了我的脑海里。

哈哈，既然如此，包括我在内的很多人都会这么想。从巴比利欧的商标也能看出来，佐野设计中的精髓是乍看之下杂乱无章的奔放的艺术字。花森的艺术字风格确实酷似佐野。举一反三，以此来推测的话，不仅是字体，他是不是也有可能默默复制了佐野制作杂志的手法呢？

但是，这个推测是错误的。

首先，一个还在学习中的人，字体与极为尊敬的老师变得十分相像，并不是什么稀奇的事。佐野的字体也是受到了他敬爱的前辈佐伯祐三描绘巴黎风景中使用的独特艺术字的强烈影响。由此，我们只够得出结论——在昭和时期，日本设计界有着"佐伯→佐野→花森"这一延续的艺术字谱系。

那么,将这种相似性扩大到编辑方式上,从而认定花森是剽窃,也是不成立的。有一段话我认为可以算是证据,在《花森安治的工作》中,酒井宽介绍了伊东蝴蝶园的总务部长五所正吉的谈话,我再做一次引用:

"佐野总的来说是一个技术派,像报纸广告的广告语等,主要还是由年轻人花森来写。花森的广告语里没有什么艰深的词汇,用词亲切是他的特征,无论是广告语的组合方式,还是文字的排列,都可以说是花森一个人的舞台。"

佐野是看过《帝国大学新闻》后,在花森的身上发现了自己所不具备的写文案和排版的才能,因此才录用他进入巴比利欧广告部的。既然如此,那么我们可以认为《妇人生活》丛书也是一样。佐野所做的"装帧"是封面的设计,也有可能停留在做书层面,除此之外几乎所有工作都是委任于"年轻人花森"。这样想是不是要自然得多呢?

此外,近几年,根据旧书店"海月书林"的市川慎子以及 daily-sumus 网站上林哲夫等人的考据,我终于弄清楚了一个事实——这套丛书的书末连载的《和服读本》长篇文章,其作者"安井半太郎",真实身份就是花森安治。他同时也作为丛书背后的主编统筹整体。各期的"序言"和"后记"从文风来看,应该都是出自署名"安并"的花森笔下。以上这些事实的重点在于,《妇人生活》丛书和《生活手帖》的主编是同一个人,在同一个人的编辑下,两种出版物会相似也是理所当然的了。

那么在这一时期,花森为什么会对《妇人生活》丛书如此投入呢?

就像前文提到的,关东大地震之后的化妆品行业笼罩着一种奇异的激情——想要把作为商品的化妆品与女性的意识变革直接联系在一起。在这股激情当中,花森一定认真地思考过,"好嘞,我也要沿着这条路走下去"。可是,这一热情不久就被逐渐扩大的战局所打破。花森在回国之后迎头撞上这个现实,《妇人生活》对他来说便成了一场有意识的、脚踏实地的撤退。因此,他才会默默投入到这套丛书的工作当中。

日本的和服是奢侈品吗？

与花森在战后的主张（例如彻底的反战思想）对照来看，这一时期他的言行有很多令人费解的地方。反过来，若从这一时期出发来看，花森在战后的言行又有了令人疑惑的地方。

可是，现在的我正是这样，借由传记这一形式，按照时间推移的顺序来观察一个人的言行，这与从现在出发回溯过去，审视过往的言行，所产生的视点是不同的。那些来自外部的批判和辩护，还有他本人的后悔和沉默，都是后话了。无论以现在的眼光来看是多么令人感到意外，他在1940年会真心这样认为，并不是不可思议的事，其中有好几个缘由。种种缘由中的一个，是花森与刚开始活动的大政翼赞会的相遇。

一提到花森安治，和我年龄相仿的人总是会条件反射般地联想起他身为战后发行量破百万的杂志主编，那近乎天不怕地不怕的强硬风范。

可是，初次结识大政翼赞会时的花森却并非如此。我希望各位能回忆起从军手帖里那数量众多的情诗，那写给妻子的信里的"小内／许多个吻"等。哪里有一丝的天不怕地不怕？一个才气超群的大学生，他身上的艺术性远超政治性。他毕业后去了化妆品公司的广告部工作，不料却很快被拉上了战场，因为患病才终于能够回国。他只是这样一个二十八岁的年轻人，在社会上还毫无建树，并且已经有了家室。

青年花森回国后目睹的日本社会，正被日渐高涨的军部力量强硬地拖入军国化的穷途末路。而他最后的希望——巴比利欧的工作，也随时有可能消失。万一成真，自己拖家带口的，究竟要靠什么来维持生计呢？在这令人感到窒息的气氛之下，他邂逅了恰好准备开始行动的大政翼赞会及其"新体制"构想。

还有一点无法忽视——在当时，走投无路的国家并不是只有日本。

20世纪初期，曾经的世界秩序因第一次世界大战和俄国十月革命而改变，接着是世界范围内的经济不景气。到了30年代，包括德国、意大利、苏联、法国、美国在内，很多国家都出现了倾向于"举国一致"型国家改造计划的潮流，也出现了广义的集体主义的潮流。也就是说，在这一时期，全世界都在走投无路之下为"改革"的呼声而沸腾。

这呼声仿佛成了推动力。在日本，以近卫文麿为象征，瓦解原有的财阀、政党、官僚组织，在天皇身边结成强有力的国民组织，为了成立"新体制"，清算腐败的政党政治，将财富平均化，建立健全的雇佣关系，实现丰厚的社会福利，进行的活动日渐增多。1940年7月第二次近卫内阁成立，作为这一内阁新体制筹备会的成果，大政翼赞会在10月开始了活动。

曾写下《纸气球》《契罗尔之秋》等作品的著名剧作家岸田国士出任了翼赞会文化部长，这一举动也引发了极大的关注。就像这件事所显示出来的那样，翼赞会在刚刚成立时，牵制了日渐兴起的军部势力，为当时正迅速强化的言论管制踩下了刹车，作为防波堤起到了不小的作用。因此，不仅是岸田，山本有三、三木清、中岛健藏、清水几太郎等左派自由主义作家和知识分子，对于"新体制"都抱有"某种希望和期待"（安田武《大政翼赞会文化部长的椅子》），进而参与其中，而这一举动又越发强化了新体制运动清新的形象。

花森安治投身到《妇人生活》第一册的编辑工作也正

是在这一时期。以下引文是匿名作者在第一册的后记中所写的一段。从这不拘小节的文字中可以推测这不是花森写的，而是名义上的主编写的。无论作者是谁，当时创刊号校对的完成时间与大政翼赞会的成立时间恰好重叠，这篇文章应该是在有些忙乱的心情中潦草写下的：

> 这一任的文化部长岸田先生是怀着"先把高级知识分子们都找来，快些成立！"的心情而就任的。
>
> 他还说过："想在政治中加入此前欠缺的文化要素。"
>
> 朋友当中的小说家和画家们，已经开始了"不能对岸田先生坐视不救"的运动。
>
> 这本书的目标群体，正如诸位所知，是女性当中最有文化的诸位。
>
> 近来如果前往丸之内的帝剧大楼或者东京会馆，会发现帝剧已经是内阁情报部，东京会馆则是新体制的大本营。在大政翼赞会里也能直观地感受到正在前进的新日本的气氛，我和他们聊了聊，发现大家都朝气蓬勃的，我

不由得想:"奋起吧!年轻的知识分子们!"

这套丛书还会有第二册、第三册,"真理正向前迈进"。在不胜惶恐的同时,我也希望能"尽此身仅有之力"。

新体制写成英文就是 New Deal。可是,不管怎么说都是把天皇放在最高位置的 New Deal,从右翼到左翼,各种势力聚集在一起,其间的矛盾纠葛非常激烈。会有"不能对岸田先生坐视不救"这样的运动,反过来看,也意味着大政翼赞会的内部和周边存在着视岸田国士为拥护共产党或反战的自由主义派代表,从而加以敌视的气氛。就连岸田身边的人当中,也有很多人认为他事到如今居然做出这种事,一定是被当作冠冕堂皇的招牌利用了,从而担心、批判、嘲笑他。

从这个后记可以看出,身处这样的对立与混乱之中,花森等人的《妇人生活》选择积极地支持新任文化部长。虽然不知道今后的大政翼赞会将走向何处,可是,我们"年轻的知识分子"如果"奋起"的话,也许可以使现在正投身于运动的组织内部的信息更加畅通。如果是这样的话，我们就和岸田一起来火中取栗吧。年轻的花森大概也是这样想的。

而且，花森也有一个十分希望通过这套丛书来实现的计划。这计划和1940年11月1日，即《妇人生活》发行的一个月之前，公布实施的《国民服令》有关。这一法令规定，在总动员体制下，后方的国民也必须穿着朴素而结实的标准化服装，该服装与军人和士兵的军服一样能够承受严苛的生活条件。

井上雅人在《洋装与日本人——国民服的流行》中写过，为了将《国民服令》的宗旨落到实处，《东京日日新闻》在陆军省和厚生省的支持下公开募集国民服设计，并据此决定了从1号到4号的四个种类。"国民服"终归只是男性服装，为女性则设计了"妇女标准服"。可是，除去一部分人穿（例如黑泽明电影《最美》中出现的女子挺身队的女孩们），标准服基本没有得到普及。

标准服之所以没能普及，是因为虽有法令，但并没有"强制穿着"。可男性的国民服却在1944年之后，因为空袭的愈演愈烈而终于得以普及。井上曾在书中指出，在同样的环境下，女性没有选择标准服，而是选择了"劳动裤"。身穿劳动裤可以自由搭配上身的衣物并选择材质。就这样，空袭下的女性们"切身体会到了长裤和劳动裤的实用"。

国民服有着军服这一明确的模板，可妇女标准服却没有，因此自由度较高。花森安治看到了其中的不确定性。他的内心并没有将和服斥为奢侈，相反，他在和服的传统当中发现了反奢侈的契机。他署名安并半太郎写的《和服读本》便主要着眼于此，也因此带有挑衅性地特意选择了"和服的奢侈"作为贯穿《妇人生活》第一册的主题——从妇女标准服应如何设计出发，重新思考"和服的奢侈"。

围绕这一主题，森田玉、小堀杏奴、田村秋子、佐野繁次郎、长谷川时雨、村冈花子、今和次郎、镝木清方等作家学者畅所欲言，表达了意见，在当时的社会环境下颇令人感到意外。例如林芙美子，还主张要学习电影《奥林匹亚》中德国女性选手们的"集体之美"。其中，随笔栏目的第一篇，来自音乐美学学者兼常清佐，他的意见尤其引人注目："最近出台了禁止奢侈的禁令，着实是一件大事。这么一来就出现了一群女人，号称自己才是爱国者，并自告奋勇要惩治女性卖国贼。"

这里所说的"一群女人",指的是爱国妇女会的成员,她们身穿围裙,斜挎着写有"奢侈就是敌人!"标语的绶带站在银座街头,专门举报烫发的或是穿着华丽和服的女性。报纸对她们进行了大篇幅的报道,据说花森也曾哀叹过——万万没想到这个标语会被这样使用。兼常用挖苦的语气讽刺这些所谓爱国妇女的同时,接下来他这样写道:

"我非常赞成禁止奢侈。与此同时,我对行家所追捧的精巧的日本趣味的消失也极为赞成。就像在明治维新时舍弃曾被称为武士之魂的大小佩刀,剪掉头顶的发髻一样。日本必须像这样,时刻保持前进。……只重其名的所谓日本风情,是过去的日本风情。我已经完全看不到它们的前景。这就是关于和服是否奢侈之我见。"

就像这样,兼常清佐在《妇人生活》丛书前四册中都有登场,用尖锐的文风剑走偏锋地大胆阐述意见。年轻的花森没有这么高明的技术,兼常那理性主义的思考方式和富有幽默感的文体都对花森战后的工作产生了强烈的影响。想来,花森早在撰写毕业论文《从社会学美学的立场看衣妆》期间,就已经很强烈地意识到了这位比自己年长二十六岁的美学家的重要性,等到出版丛书时,也就有了让他成为核心作者,从而替自己发声的想法。

参加大政翼赞会

故事讲得太快了些,让我们回到前面。1941年的春天,花森安治从伊东蝴蝶园辞职,跳槽去了刚成立不久的大政翼赞会宣传部。据说是被帝国大学新闻报社时代的"老大"久富达夫招过去的,他从东京日日新闻政治部部长转为翼赞会的宣传部部长。

因为结了婚,孩子也长大了,花森在前一年的晚秋时节从一直居住的白金三光町搬到了川崎市的井田。

生活的担子也因此更重了。无论如何都需要稳定的收入。从这个角度来说,大政翼赞会是一个不坏的选择,毕竟是正式的国家机关,东京帝大毕业生的头衔也能发挥作用。按照作家杉森久英——曾与花森同一年从帝大国文学科毕业,从《中央公论》编辑部去了翼赞会兴亚局策划部,后来获得了直木奖——的说法，翼赞会的工资比中央公论社要高出不少（刚上任时是一百七十日元，之后薪水涨到了两百日元以上）——

会给我这种没有资历的文学青年"与政府机关高等官员相当的待遇和薪水"，是因为"我是公立大学的毕业生，工资方面是按照昭和哪一年毕业应该拿多少薪水的规定来发放的"（《大政翼赞会前后》）。

同样是公立大学毕业的花森，一定得到了与他相同的待遇。可是，薪水的高低绝不是他跳槽的唯一理由。

延续上一节的话题，现在听到大政翼赞会，我们会条件反射般联想到纳粹型集权主义国家，及其拥有强大权力的统治机关，也就是一种沉重的形象。可我想再次强调，它刚刚成立时的形象并非如此。1936年的"二二六事件"后，日本人被封锁在看不到未来的闭塞感当中，其中大多数人对于宣称要通过大政翼赞会实现"新体制"的旗手——第二次近卫内阁——的登场，都持有狂热的欢迎态度。

花森安治也不例外。"清新""飒爽"等富有煽动力的词汇在报刊中此起彼伏，他的内心也不知不觉地产生了期待——在那里，应该能够在时代的中心获得最先进的体验。而那期待的根源，是"无论如何，要保护日本这个国家"这一爱国心。现在想要保护这个国家，只能对以军部、政党、政府机关为首的既有体系来个改天换地。而只有近卫文麿所领导的新体制（日本型 New Deal）运动才能做到这一点。

花森是从这个认识出发的，可是之后他思考的方向和其他人有着极大的不同——

无论如何也一定要保护我们的国家。

到这里为止都还是一致的。但在这之后就不一样了——

要保护的国家究竟是指什么？第一，是我们的生活，即日本人的日常生活。我要倾尽全力，让我们的日常生活成为值得保护的东西。

如果把"值得保护的日常生活"换成"美好的生活"这一说法，就原原本本地成了贯穿生活社《妇人生活》丛书的主题。可以借用第二册《仪容读本》中兼常清佐的《女性的生活》一文，阐述这一主题——

"现在的日本当然是处在非常时期，可我们不能输给这非常时期。正处在非常时期，所以人们不应去考虑和服的图案——我认为这就是一种认输的想法。现在应该制作适合当下的美丽花纹,并且把它穿出门去,享受女性化的、年轻的感觉。我认为这才是积极战胜时下困难的表现。"

兼常直到1957年去世,一直坚持用讽刺的文风批判日本文化的神秘化倾向,以及隐藏在其中的不合理之处。从这一段文章中也能感受到,兼常思考的方向与花森十分相似,而且和翼赞会文化部长岸田国士的信念也有直接相通的部分。岸田国士曾言:

"与国家千万年的生命相比,所谓的非常时期只是一个有限的瞬间。非常时期所形成的国民文化特质不能成为祸患,影响之后到来的时代。……每个国民不必忍耐这一领域的贫乏,而应该尽其所能地去发展,尽其所能地去收获。充实的喜悦能够显示出国民的意气风发与强大。"

在《妇人生活》第二册的后记当中,匿名作者进一步写到,如不能慎重对待女性的"国民服",将会使人"对色彩和图案的感觉"变得迟钝,由此"担心日本文化因此而产生退化"。这是作者出于共鸣而引用的"有马先生"在某个座谈会上的发言。"有马先生"指的是近卫的心腹,即曾任翼赞会事务局局长的有马赖宁。他也是发明了"新体制"一词并使其流行开来的人物之一。

像这样的一致和类似恐怕不是偶然。我再申明一次,《妇人生活》丛书的主题——花森和兼常清佐等人的文化论及生活讲义——不是孤立之物,而是建立在大政翼赞会刚成立时潜在的文化方针之上。在更深层的地方,则包含了他们共同的恐惧,也就是后来评论家安田武在关于岸田国士的文章《大政翼赞会文化部长的椅子》中提到的,翼赞会为了制止军部独裁所提出的"军民一体"的运动构想,最终却走向"军部的理想"——使得全体国民军人化。

这一恐惧果不其然迅速变为现实。组阁结束后,突然"变心、脱离"(据岸田记述)的近卫不再提及新体制。与此同时,大政翼赞会自身也落入了势力增强的军部和以内务省为首的各政府机关的控制之下。在五个月之后的1941年4月,在议会也有参与的"清除大政翼赞会中盘踞的共产主义者"这一改组运动中,昭和研究会时代的核心成员有马,甚至是组织局局长后藤隆之助,都被迫辞任。不久,就连总裁也由近卫文麿换成了新首相东条英机。

之后，同年的 12 月 8 日，日本海军机动部队发起了珍珠港袭击，针对英美发动的太平洋战争开始了。

接着是 1942 年 6 月的第二次改组。熬过了前一年改组的岸田国士离开了"文化部长的椅子"，把花森招揽进来的"老大"久富达夫也离开了。可花森却留了下来。他需要这笔收入，具体的内情我就不清楚了。《妇人生活》丛书第四册《生活的窍门》在当月出版后，丛书的出版就中断了，和生活社也断绝了关系。兴许是发生了什么与改组有关的纷争吧。

关于曾作为翼赞会宣传部成员的花森，战后的社会上有一种强烈的舆论倾向——将他描述为写过一系列战意昂扬的标语的人物，例如"射向那面旗""贪求胜利""不够不够，方法还不够"（他是从化妆品到战争，涉及一切领域的广告人，其中是否出于本意虽不得而知，可身为文案作家实力了得）。这一舆论倾向直到现在仍然很强。"那个烫了头发的反战论者在战争期间其实做过这种事"，这种反转的丑闻式叙述随着传播不知何时成了一种定论。

可实际上，就像后来酒井宽在《花森安治的工作》中所澄清的那样,"射向那面旗"是广告人组织"报道技术研究会"在1942年接到时任翼赞会宣传部成员花森的委托后创作的标语,而"贪求胜利"则是在同年翼赞会主办的"国民决意标语"募集中,一个男人以其读小学的女儿的名义应征,被花森等人选中的作品。这些都并非出自文案作家花森安治本人的笔下。

根据酒井宽书中援引的报道技术研究会的一位核心成员新井静一郎的看法,花森的偏好是"同样是宣传战意高昂的标语,他不会用呼喊型,或是命令型","'不够不够,方法还不够',这个标语和花森的风格是最为接近的"。然而这个"不够不够,方法还不够",也是前文所说的入选"标语"募集的十件作品中的一件。

可假如真是这样,他在战败之后为什么没有亲自澄清这一点呢?

虽然我无法断言,却可以大致做一个推测。不管是不是自己写的,都不能改变一个事实——花森身为翼赞会宣传部的一员,曾经投入制作这些标语的过程当中,这一点作为过去的事实早已无法撤回。木已成舟,所以事后他也不会再去辩解了，面对任何说法都保持沉默。我因为是后来人，觉得应该有其他的解决办法，可无论如何，这就是花森在战后选择的态度。

第七章 战争结束前的日子

再度被征兵

1943年的春天,花森遭遇了突如其来的变故。一分五厘的召集令再次降临,他又一次作为士兵被召往前线。

与第一次不同的是,花森虽然已被临时编入了军队,可在眼看就要被送往南方战场的时候,召集令又取消了,他得以回归平常的生活。为什么召集令会忽然取消呢?理由不得而知。我此前一直认为,或许是翼赞会向当局做出了请求——我模糊的推测一直停留在这里。可是,与我所做的其他几个推测一样,这个推测也是错的。2013年初,土井蓝生女士在整理旧资料时发现了花森的另一册陈旧且破烂不堪的从军日记。其中有十八页，写满了密密麻麻的小字，记录了他从再次被征召到召集解除的二十三天。

总之我们先通读一遍吧。在一开头，他细心地记录了防毒面具和佩剑的编号，部队长和大中小队长的姓名等资料。在这些之后，他以"三月三十日，在宝冢"为题，写了"以为不必再踏上战场，却看着宝冢成排的樱花树而入伍"这样一则短歌。

我有些奇怪，为什么花森不是从川崎市井田的家出发，而是特意要从宝冢出发呢？

原来，花森在当时以大政翼赞会宣传部的名义撰写了儿童剧剧本《光明的城镇，强大的城镇》，在前一年的 11 月由宝冢歌剧团雪组在宝冢大剧场演出。剧本摘录首次发表在 2004 年的《生活手帖保存版 3·花森安治》中。按照发现者酒井宽的说法，这是个"'小朋友'们以'町长先生''懒人先生'还有大手大脚的'大小姐'为对手，发挥知识，创造了光明和快乐的街区的故事"（《花森安治的工作》）。1943 年 1 月，也就是第二次召集令下达之前，该剧正在东京宝冢剧场上演。看过演出的翼赞会同事大岛七郎这样说："阿花问我去不去看,我就和宣传部的人一起去了。内容虽然记不清了,可是就像彼得潘一样,在那个时期它是令人感到愉快的作品。"(《花森安治的工作》)

在那之后,《光明的城镇,强大的城镇》及其缩减版在日本各地通过各种形式上演。也许是因为要参加与之相关的会议,花森才会在入伍前匆忙地顺路去了一趟宝冢。更进一步说,儿时住在神户的他,每个月都会被父亲领着和妹妹一起去宝冢大剧场。他带着这样的回忆,看了也许无法再次欣赏的景色,才有了"看着宝冢成排的樱花树入伍"这样的短歌。

之后的 31 日没有留下记录,他应该是乘火车前往中部军管区的地区司令部所在地鸟取,与在那里送别自己的妻子会合。翌日,即 4 月 1 日,他前往同地区的第四十七部队第二大队第二机关枪队报到。4 月 3 日是入伍仪式,之后的 4 日——

她们会来吗?还是不会来?要来也是中午才到吧?可是百代和蓝生在十点前就到了。1 日的早晨,在观光酒店前,那一再回头、不住挥手的身影还烙印在我的眼底,只过了区区三天，就有了好久不见的心情。这感觉与其说是心跳不已，更像是揪心。雨下得很大，百代唯一的一件好衣服因此起了皱褶，换作平时，光是为了这个就会大闹一场，可是昨天她却几乎什么也没说，只对我说，要是把烟给你带来就好了，和外边的士兵们比起来，你那副身材够寒碜的，就要被人看见了，说着还笑了起来。班里与家属会面的人乱哄哄的，我看着她，也变得寡言了。百代反复地说，有一阵子要看不到爸爸的脸了，现在多看看吧——脸上仍然带着笑意。临走之前我问道，今后没有什么事吧？她回答说，没有什么可担心的。百代啊，你为什么能这么勇敢呢？

4月6日，花森从鸟取乘火车前往关金（鸟取县仓吉市）。在相距一公里左右的营地与车站之间，往返四次搬运马鞍和粮草，以及备用的步枪等，直到深夜。"我疲惫不堪。真的比不上二十六七岁的年轻士兵们。"——和以前不一样了。第一次入伍时二十六岁的青年花森，这次已经变成了三十一岁的无力"老兵"。

8日是"大诏奉戴日",从9日开始是连续数日的行军演习、小队战斗训练、射击预演、夜间演习等激烈的训练。花森在训练期间因发烧、中暑而病倒,经历了不得不注射兴奋剂的惨事,他情不自禁地流露出抱怨,"身体暂时没有适应行军生活,在最后一公里精疲力尽","我这副身子真是不中用"。

13日傍晚,忽然传来了明天一早出动的命令,班里流动着紧张的气氛。"大家都觉得,这次无论如何都无法活着回来了。不只是说说而已,是真的怀着对生还不抱期待的心情。"

可是,翌日早上四点,在起床时,包括花森在内的三个人收到了"留下"的命令。他们几个人离开队伍,乘上卡车被送往仓吉。

"身为患者的我所乘坐的卡车追上了出动的部队,我百感交集。"

"健康地出去,活着回来,我与战友话别。啊,这晨雾。"

"被命令留下,等待交换兵,仓吉的路上樱花散落。"

午后,交换兵来了,花森身上除了军裤和靴子之外,"包括衬衫在内,公家发的东西全都交了"。交换兵是个

"二十五六岁的年轻士兵"。"他的态度既不草率也无夸耀之意,只是因为要启程去南方而感到紧张兴奋",老兵花森心想,"让这样的人与自己交换真是太可惜了"。

14日晚上十一点,花森到达鸟取。体温是七度二分(37.2摄氏度),脉搏是八十四。他感到疲惫不堪。

15日,队长担心他的身体,为他安排了检查手续,决定让他进入"休养室"。里边比他先到的有两个人:一个是入伍前在米子市做巡查的补充一等兵;另一个是补充二等兵,来自大阪的制铁商人——

这位去年(1942年)12月入伍的制铁商人,因为大老婆和两个妾在面会日当天意外相遇而引发了一阵大骚动,遭到了队长的严厉训斥。他闲聊起来,言辞颇有大阪人的风格,"话里随意地掺杂着夸张与修饰","巡查听说那些人(妾们)落籍的花费,一个人是五千日元,另一个人是四千日元,吓了一大跳,开始嘀咕起自己算上所有的补贴一个月也只有八十日元……"两人就这样开始了相声似的对话,十分有趣。花森也因为姑且逃过"出动"而松了一口气,把对话仔细地记录了下来:

制铁商人在巡查面前若无其事地说着大黑市（黑市买卖？）的事，巡查则"哦哦"地惊叹不已。听到商人花一百五十日元做了科尔多瓦皮鞋，便说自己一个月九十分的鞋钱怎么也不够用，因此给其中一只鞋子打上橡胶底，打上前掌，修理十几次仍然勉强在穿。……说到贿赂，巡查压低了声音，说有一个经济犯把钱放在坐垫下面就回去了。钱是五日元还是十日元，我没听清楚。说是老婆生病了还是怎么了，他在被逼无奈之下只好把那钱扔到地上，当成是从地上捡到的钱，拿来花了。就算是当成捡来的钱，到底还是欠了人情，因此对那个经济犯也就睁一只眼闭一只眼了。面对这有些无奈的叙述，制铁商人安慰道，不管怎么说，同是一个人去制裁另一个人，这种程度的事是理所当然的。随即又说起借钱的事，商人提到了这样的哲学——想借钱的话，房子也好衣服也好，如果不够体面的话，在大阪就得不到信任。我听着，不知什么时候迷迷糊糊地睡着了。

今天是蓝生的生日。衷心祝愿她幸福。

花森在演讲时，语调中有着关西人特有的开朗，据说很受欢迎。他不光是自己说，也喜欢听那些既不是知识分子也非精英阶层的工匠讲话，并和他们交谈。这些对日常生活细节所怀的强烈好奇心，后来演变成《一个日本人的生活》等纪实文学，而这些也是《生活手帖》的支柱内容。这里虽然只是日记，但可称得上是一幕前奏。

16日，六名新患者来到了休养室。

17日，前一天住进来的一个三十出头的补充二等兵，吃完发下来的铝制饭盒里的最后一粒饭之后，从口袋里掏出一张和纸，仔仔细细地擦拭饭盒。对待喝完汤的盒子也是一样。花森觉得"看到了很少见也很美的事"。

18日，大阪的"制铁商人"等来了解除征兵的命令。负责花森的医疗官——1937年从东大毕业——告诉花森，他应该也无法回归原来的部队，而是要去住院。"在我的身上总是发生一连串的循环，我不禁为之感到恐惧。"

19日，早晨，检查了痰。雨下了一天。

20日，傍晚，卫生兵告诉他，已经下达了解除征兵的内部命令。"曾在蒜山原的马棚里裹着同一张毛毯睡着的战友们,今夜就要出港了吧……我却因病归于妻子身旁。心中真是百感交集,难以入眠。"

21日,明天,将解除召集。米子市的巡查那里也下达了同样的命令,他的声音里也忽然多了几分精神。

然后,22日——

> 我不到十一点就走出了营门。阳光耀眼而明媚。走过观光酒店旁,应征入伍那天早晨的光景过去还不到一个月,却仿佛已成了遥远的事。我坐上了十一点五十九分发车的列车,前往津山,带着付出性命的觉悟开始记录的这本从军日记,没想到才二十二天就迎来了蛇尾,在车中就此搁笔。明早就身在横滨了。很快就能再见百代的面容、蓝生的面容。

在这之后是成排并列的十首短歌,想必是在漫长旅途中的车上吟咏的吧。我在这里仅仅引用两首——

> 虽是归家之身,报效国家之心却熊熊燃烧

明日到家——想着妻子读到这则电报的心情，因此认真书写

哦，写得可真不怎么样。与从前在从军手帖上写的那些相比，愈发地平庸了。可是，区别并不仅仅如此。包括短歌和日记在内，都和上一次应征时有一些不同。

孩子长大了，自己与妻子的关系也稳定了，年轻人那未经世故的感觉已经消失殆尽；对奔赴死地的战友们的歉意则更深了一层，对于近在眼前的死的恐惧也格外地强烈；"付出性命的觉悟""报效国家"，这些形式固定的局势用词则增加了许多；等等。

空袭

就这样，花森再次活着回到了家。可是广告等工作也等于是没有了。花森因此把那部分余力都倾注到了《妇人生活》的复活当中。

也许是这一举动产生了效果，1944年3月，《妇人生活》

丛书实质上的第五册《布匹研究》由筑地书店发行了——这一次并不是经由生活社出版。书的开本虽然变小了，却做得极为美观，令人很难想象这是战争末期的出版物。并且，书中一半的页数都被署名为安并半太郎的"和服论"所占据。当时想印一张海报都既没有纸也没有墨，去其他城市开演讲会的火车票也是勉勉强强才能买到。在这样的时期，花森排除万难做出了一本这样的书，看来是拿出了最后的气魄并坚持到底了。

四个月之后，东条内阁倒台，大政翼赞会的总裁换成了新首相小矶国昭。在同时进行的第三次改组当中，花森晋升为文化动员部的副部长。这些事发生在1944年7月。他的部下有杉森久英，还有后来创立了平凡舍（现Magazine House）的岩堀喜之助和清水达夫。

这一时期花森所使用的笔记本，是在第五章中已经介绍过的三本笔记本中的第二本和第三本，即日本评论家协会的"手帐"，以及富士电机制造株式会社的社员笔记。

首先来看前者，上面既没有发行信息，记载的内容也极其地少（总共十页），使用时间是在昭和哪一年也不得而知。

但从他频繁去全国各地出差的记述中（记有"福岛县饭坂温泉花水馆""福井县芦原温泉红屋""新潟县古町大野屋别馆"等）可以看出，这很可能是他从翼赞会的宣传部调到文化动员部之后使用的。

此外还有火车的出发与到达时间和经费计算，以及在出差目的地开会的会议记录等，混杂在一起。"单位的女性很亲切""让女佣义务劳动……""必须强调连美国的女性也要工作""突破内心的障碍"等笔记也零散地记在各处。其中还有像这样的诗——

我们为何而生

我们不是什么特殊之人

我们是国民之一员，身为国民之一员而不行动

则无法动员亿万国民

是为宣传者的信念

所谓坚信便是为之努力

必胜的信念便是向着必胜的努力

视大众为依靠本能行事的愚民

此为外国的宣传道

视万人为保皇护国之烈士

此为日本的宣传道

只有开头一句的语气像后来的《生活手帖》一样柔软，在那之后骤然一变。"必胜的信念""保皇护国之烈士""日本的宣传道"等，是在呼吁、催促那些在欧美、苏联等国家最新的商业广告和政治宣传方法影响下成长起来的日本广告人、宣传人进行自我变革（要想鼓动国民，"我们"必须首先变化起来）吧？可是，仅靠这些内容，无法判断这是表明个人决心的文字，还是什么官方文章的草稿。

在深入讨论这一点之前，我想先说说这一时期在东京和近郊愈演愈烈的美军空袭。

美军的无差别空袭始于1944年11月。从那时起，至1945年8月，空袭在日本全国范围内接连不断。花森一家三口所居住的川崎市井田周边也不例外，1945年4月15日，

B-29投下的大量炸弹和燃烧弹像雨点一样落了下来。

他在井田的家是一栋租来的房子，步行十五分钟左右可到连接涩谷和樱木町的东横线（现东急东横线）元住吉站，近旁有田地、河流，还有小小的牧场。从涩谷方向过来的前一站是武藏小杉，下一站是日吉。1934年，日吉站所在的高地（日吉台）上建起了庆应义塾大学的新校舍，大学预科（教养课程）搬到了这里。六年之后，就在花森家搬到这里的同一时期，联合舰队司令部转移到了校舍内的地下防空洞里，旁边的树林里建起了高射炮的阵地。不仅如此，越过花森家所在的井田和网岛街道（现东京都道和神奈川县道），在东侧的鹿岛田地区，还盖起了三菱重工最新的军需工厂（现三菱扶桑卡车、巴士川崎制作所）。

如此特殊的地区，对于美军来说正是上佳的空袭目标。花森家搬过来四年半之后，距离1945年4月13日的第二次东京大空袭不过两天，在15日晚上十点，美军开始了针对川崎市及附近地区的大规模空袭。女儿蓝生一年前开始就读的住吉国民学校（现住吉小学）里也落下了燃烧弹（小型汽油弹），正在礼堂旁边的防空洞里避难的附近居民好像也死了好几个。

下面这些内容究竟该不该写出来，我个人曾经颇为犹豫，最终还是决定写下来。其实，我也和花森一家一样，在元住吉经历了这次川崎大空袭。那时我刚满七岁，刚刚升入住吉国民学校，比蓝生晚一年。

我的父亲在大学毕业后进入三菱重工业公司，当时，他就在我刚才提到的鹿岛田的新工厂上班。我们居住的宿舍位于工厂附近面积宽广的地皮一角，那里建造着大约十栋工人宿舍。4月15日晚上，听到空袭警报，我们躲进了院子里几个防空洞中的一个。

伴随着令人不安的咻咻声，宿舍的某处落下了巨大的炸弹，在防空洞的入口处有人大声呼喊"快逃啊！"

我们慌忙跑了出去，四处都因大量燃烧弹散布的凝胶状汽油而陷入火海。母亲背着刚出生的妹妹，牵着我和弟弟的手，穿过宿舍外宽阔的田地向网岛街道的方向跑去。数十台B-29轰炸机在地面探照灯的照射下缓缓地交错飞行，飞机下边，一大帮人正朝同一个方向逃去。左侧是日吉台高射炮阵地，身后是军需工厂。恐怕也只能往这一个方向跑了。

快点快点——我在母亲的催促下跑到了网岛街道附近。柏油路变成了平缓的坡道，从日吉附近（坡道上）望向那边，只见熊熊燃烧的火焰像宽广的大河一样向这边涌来，我的记忆到这里就中断了。之后我能想起来的，就是翌日凌晨一点过后，空袭警报终于解除，我们回到家，只见在一片被烧毁的野地后边只有我们的房子（两层建筑）孤零零地留了下来。这幅光景我直到现在都还记得清清楚楚。可想而知，工人宿舍燃烧起来的火焰应该亮如白昼。我后来才知道，在这次空袭当中，好像有十几个住户没能逃出来而死在了那里。

花森一家所居住的井田地区位于东横线铁路的另一侧，铁路行驶的方向和街道并列。因此他们也在同一个夜晚，在那里和我经历了同一场空袭。可是按照蓝生所说的，她居住的一带遭受的损害不算太大，自己曾坐在走廊上呆呆地看着空袭——也只记得这些。或许是因为差别如此之大，我们家在空袭后不久就疏散去了长野，只留下父亲，花森家却在院子里挖了防空洞，直到四个月后日本宣布投降时还住在元住吉的房子里。

第七章　战争结束前的日子

顺便一提，同样是从1945年4月开始，鹤见俊辅从哈佛大学毕业，乘坐日美交换船回国后，借住在日吉，在庆应大学校园内的联合舰队司令部的军令部工作，做文职。他的工作内容是收听并记录美英等国的短波广播，收集情报。因此，如果到日吉是在15号之前的话，那么当时才二十二岁的鹤见应该也经历了同一场空袭。

——哦，七岁的我也许曾和花森安治、鹤见俊辅同在那片鲜红的天空下。

战争时期嘛，总是会发生各种偶然。

最后的日子

这一时期花森使用的笔记本是前文提到的第三本，即富士电机制造株式会社的社员笔记。封面上有数字"2605"，意思是皇纪2605年，即1945年上半年。之所以说是上半年，是因为这一年的6月，也就是战败的两个月前，大政翼赞会匆忙解散。即将崩溃的翼赞会——这本笔记里正是对那段高潮的记录。

和第二本一样,笔记的内容主要是外地出差的备忘录,食盐、药品不足的情况,以及和替代品预测有关的数据。不久之后里面就开始有了"解散5·13内阁会议／防卫队、警防团""英勇决斗到最后"等纷乱的内容,最后终于出现了这样的内容——记录的应该是在部会或其他什么场合公布的翼赞会的形势分析和行动方针:

1. 战局之不利
2. 空袭之激化
3. 生活之贫困化
4. 对战争本质欠缺认识
5. 敌方谋略
6. 德国投降之影响
7. 指导阶层之态度

↓

对战局的不安、焦躁

厌战、反战、渴望和平的心境

软弱的旁观态度

侥幸心理

国内分裂……(不明)

1. 对敌观念之变化

从一般抽象的对敌观念,转向个人化的具体观念——诱发憎恶心理

2. 刺激国民的自负心理和自尊

面对入侵者,国民自尊心所受的伤害,以及由此诱发的愤怒

3. 为本土决战培养自信

作战之有利性,地利、人和、增强生产

4. 战败命运与个人命运直接相连

5. 军官流露的战友之爱

无论是战场还是国民的生活,都崩溃到了令人绝望的地步。把无论愿意与否都已经产生的战败情绪颠倒过来,成为对英美联军的"憎恶心"和"愤怒"——这是在战争末期,已经走投无路的大政翼赞会所提出的方针。与此相关的还有

一处记载,在同一本笔记的另一页,花森写下了这样的号召诗:

  战云在低空四起
  大洋也被怒火击碎
  鬼畜英美之旗飘扬
  骄傲的敌人是否正在逼近

  不败的历史
  三千年来未成空
  啊,回顾我等之祖先
  曾为之流过多少鲜血

  来吧,为天皇之恩
  应在今朝战死
  你守护于田边
  我在工厂与火同散
  ……

这首煽动性的诗，很显然是把前文中的形势分析和行动方针原原本本地挪到了诗歌这一形式里。我试着想象花森大声朗读这首诗的样子，确实很难想象。那么花森为什么要在笔记本里写这种诗呢？

也可以这样认为——这首诗不是他写的，而是外边的什么人，比如是专业的诗人写的，他只是抄下来而已。这个可能性很大。可如果真是这样，为什么他要特意抄到自己的笔记本上呢？这仍然是个谜。

我很快想到了一种解释，就是说，笔记本当中所反映出的花森的形象是一种伪装。笔记本的扉页上，工工整整地写着联络地址和姓名"东京都麹町区霞关，大政翼赞会，花森安治"，这可以视为证据——他曾经慎重地思考过笔记本不慎丢失的情况。不小心遗忘在哪里或丢失的笔记本会被陌生人翻看，在最坏的情况下，有可能会被送到警察手里。将与大政翼赞会成员身份不符的、不守规矩的感想写到笔记本上，便容易引发危险。既然如此，他只能像一个忠实的翼赞会人那样，用符合当下局势的固定措辞来掩盖自己的真实想法。如果花森真的这么做也并不令人感到意外。当时，就连永井荷风和渡边一夫等人，在自己的日记中明确写下批判现状的内容之前，也是下了极大的决心和做了很多准备的。

还有一种解释，就是花森身上那远超常人、手艺人性质的完美主义，在宣传战争时也发挥得淋漓尽致，最终导致他走到了这一步。他在翼赞会的工作伙伴，即报道技术研究会的山名文夫和文化动员部时期的部下岩堀喜之助等人，大致上也都有这样的感受。无论哪一种见解，都有其合理性。我也一样，联系到花森在战争时期的心理状态，与上述两种看法笼统地叠加在一起，我也曾多少感到有些理解。

可是，我在写这本书的过程中，接触到包括两本从军日记在内的各种笔记和信件之后，不得不再一次产生了别的看法。伪装一说太过于精雕细琢，而手艺人的话该思考的时候还是要思考。就算同为宣传，化妆品的宣传与国策宣传、战争宣传还是不同。花森面对那巨大的差别，如果说什么都没想过，无疑也太傻了。这么一来结论就只有一个了。无论内心萦绕着怎样的想法，当他在笔记本上写下那些惨烈的文字时，其实还是带有某种程度的认真。自己写下这些，是自己身为大政翼赞会这一国策组织的一员的责任，他如此拼命地想说服自己。

此时距离战争结束还有几个月。根据杉森久英的回忆录《花森安治的青春与战争》中的记述,当时的形势已经流露出战败的必然性,这使得翼赞会所宣扬的"一亿人总奋起"迅速丧失了现实感,"军部仍在大声呼号着最后的胜利,提倡永世报国,可是国民已经不再相信了"。

特别是美军战斗机执拗地进行无差别空袭,这给日本人带来了难以估量的心理打击。曾任东京文理大学(现筑波大学)英文科教授的福原麟太郎在日记中对3月10日第一次东京大空袭有着这样的记述:

"受损的房屋有二十五万乃至三十万户,受害者达百万。十条(那一带有赤羽被服厂征用的学生宿舍)收容了数量众多的受害者,因为配给不足而有产生暴动的征兆,我被告诫要密切留意。议会的演讲也好,报纸的论调也好,最后说的都是要让国民的生活安定下来。仅仅依靠一直宣扬的玉碎观念,国民已经听不进去了。"(《那个年月》)

连福原这种稳健派的人都坦然在日记里写下"暴动的征兆"这样危险的事,这是当时社会秩序已经摇摇欲坠的证据。

——仅仅依靠一直宣扬的玉碎观念，国民已经听不进去了。

那么，其他人该怎么做呢？不仅是政府、议会和报纸。就像杉森所说的那样，大政翼赞会这一组织本身已经到了穷途末路。情况并不是在短时间内发展成这样的。在持续不断的改组中，组织不断衰竭。到了这个时候，老派的官僚、报社记者，落伍的左派，来路不明的右翼中年大叔，来自地方的文化头目等，这些来自各方的人集结在一起，最终变成了"乍一看煞有介事，实际却形迹可疑，假模假式"的组织（《大政翼赞会前后》）。

然而花森作为新上任的文化动员部副部长，仍继续拼命工作。按照他的说法，"大家奋力拼搏过了"：

> 坏事连连，筋疲力尽。我自己都搞不清楚，这里啦，那里啦，被胡乱拉到各处，被步枪袭击，要么就是穿过火海逃生，然后就是去乡下宣传努力增产，去煤矿宣传多多挖煤，为了演说这些而东奔西走。
>
> （《我们究竟做了些什么》）

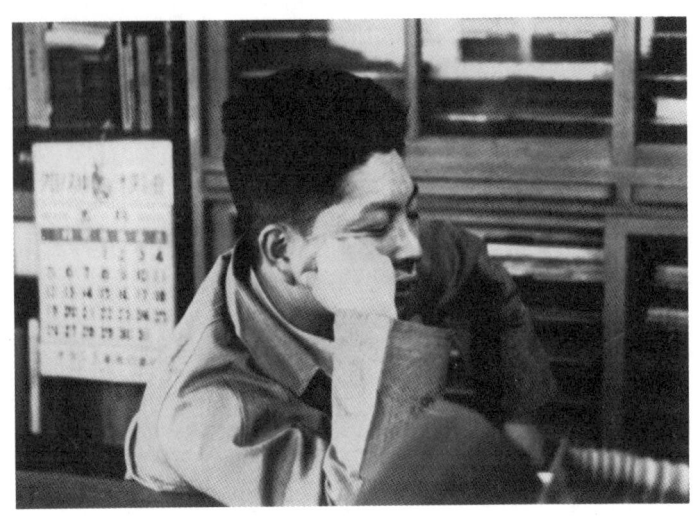

任职于大政翼赞会的花森。

花森"拼命"的样子,清清楚楚地呈现在当时部下们的回忆中。

比如岩堀喜之助。他出生于1910年,比花森大一岁。1938年他辞去时事新报社的工作,在1943年加入了翼赞会的宣传部,主要负责流动演剧相关的工作。之后,他在文化动员部和花森成为同事。他刚开始时就觉得"这个男人挺厉害的"。"不知为什么,只有花森一个人在工作。他真的是非常拼命,从早到晚都在工作。虽然我认为那是徒劳的,可我仍然觉得他很有才能。"(盐泽幸登《"平凡"物语》)

还有杉森久英。他从宣传部时代起就一直负责读书普及运动,1945年空袭进入密集期之后,交通和通信网络中断,他也陷入了就算去上班也没有工作的状态。煤炭和炭的配给也停止了,大家没有办法,只能把旧报纸和坏椅子的碎片等塞进旧式火炉里,围在炉边闲聊。就连这种时候,"花森安治天性勤勉,仍然坐在自己的书桌前忙着各种工作"(《花森安治的青春与战争》)。

花森的这种身姿,不由得给人留下前文中所提到的印象:无论身处什么样的环境,他都不可能停下手里的工作,只要做了就不会吊儿郎当的,"归根结底是个匠人"。

我十分理解他们的感受。可是花森真实的内心,与他们的印象之间有着相当大的出入。

拼命工作的确是事实,这从笔记本中片断式的记述里也看得出来。就算面临战争末期的状态,他仍然身穿造型奇特的防空服——防空服是用祖母留下来的旧衣服拆开做的,用手织棉布制成——踩着破破烂烂的鞋子,努力在已经分崩离析的铁路交通网中换乘,在福岛、福井、新潟等地巡回宣传"继续增产""多多产煤",没有停下脚步。可是,无论怎么努力,要说服早已成为"无聊的事务机关之一"(杉森语)的大政翼赞会,不是那么容易的事。花森应该已经意识到了事情的严重性。毕竟,就连自己和家人都已经快吃不上饭了,还要在空袭"火海"的恐惧下战战兢兢地生活。

写下这些内容对于传记作家来说属于犯规行为了吧?我却打算坚持己见。花森先生,其实啊,在你们所梦想的"改革"轻易灰飞烟灭的第一次改组(1941年)时,或者哪怕最晚也应该在第二次改组(1942年)中岸田国士离开时,又或者,退一万步,在你第二次被征兵,又解除兵役,并发

女儿蓝生三岁时,在川崎市的自家附近。花森安治拍摄。

行《布匹研究》的1944年3月，你如果能下决心辞去大政翼赞会的工作就好了。

当然，假如辞去翼赞会的工作，像花森这样的人想要在当时的日本找个正经工作也几乎是不可能的。想到家人，他确实无法做出这样草率的决定。

在种种犹豫之下，他错失了辞职的时机，又在第二次改组后，在有能力的人才流失殆尽的翼赞会中被提拔成了中层管理人员。既然接受了这个职位，花森又欠缺像岩堀和杉森那种"偷闲""偷懒"的能力，只能一味地"拼命"努力工作了。可是，能够让他的努力产生意义的环境早已不复存在。他同时对奔赴死地的战友们身怀歉意，并与之抗争，原先那些能让自己振奋精神的老一套文章也渐渐地显出了虚伪。这令他感到自我厌恶、空虚。在工匠般的"拼命"背后，在同事们看不到的地方，他怀抱着深深的混乱并为之消沉。

在那之中，只有对死亡的恐惧日渐加深。

好不容易才从第二次征兵中逃脱，在战况更为恶化的当下，不排除第三次被征召的可能。他认真地考虑过这种可能性。假如遭遇空袭，和家人一起死掉的可能性尚小。与之相比，在这个阶段被征召的话，可以说等于被宣告死亡。"不知道红纸什么时候会来。这次要是来了，就一切都完了。"他一边与这一恐惧心理战斗，一边试图厘清自己的爱国心，重复着徒劳的努力。这大概就是花森在翼赞会度过的最后的日子。

6月13日，大政翼赞会解散。失业的花森一边耕种着自家的土地，一边每天午后前往新成立的"战灾援护会"，开始了依靠点滴收入度日的生活。此时距离日本战败还有两个月。

第三篇

1946年春天，衣裳研究所在银座成立。花森设计出"直线剪裁"，绘制了效果图，由大桥姐妹担当模特，出版了 *Style Book*（1946年夏）。衣裳研究所还召开服饰设计讲座，对其进行了介绍。照片里左侧站着的人是花森，右边的是镇子。

第八章　从谷底再次出发

在银座的废墟上

1945年8月15日——

关于战败这一天所发生的事,花森曾在1975年一篇名为《对于我们来说8月15日意味着什么》的长篇访谈中详细地说过。文章中提到,他从广播中听到"终战诏书"之后,出于"听到天皇声音后的连锁反应",立刻走出家门,向皇居的方向走去。

"我到了那里一看,简直就像神社的大祭典一样,人山人海——当然,气氛是冷冰冰的。"

他觉得待不下去,于是径直穿过皇居前的广场,走过被空袭烧得漆黑的数寄屋桥，朝着学生时代曾经非常喜欢的银座大街的方向走去，走到了尾张町（银座四丁目）的十字路口。服部钟表店（现和光百货公司）勉勉强强地留下了一部分，对面的三越百货公司内部已经烧光，只剩下了外墙。十字路口的西面（新桥方向），无论是三爱还是鸠居堂，都被烧了个精光。他在鸠居堂残留的水泥碎片上坐下，一边吃着代替午饭的炒豆子，一边凝视着十字路口已经化为"水泥块和泥土组成的街道"的景象。

此刻，他上身的装扮是打着补丁的背心和白衬衫，下身是类似国民服的自制长裤和绑腿，脚上穿着没有后跟的陆军军用袜配旧雪靴（因为没有其他鞋子了）。他戴着军帽，肩上背着自制的帆布袋，袋子里是半罐炒豆子、笔记本、小速写本、铅笔和用来代替手纸的报纸。

盛夏的午后天气闷热。不一会儿他起身，从京桥出发，经过日本桥一直走向浅草。街道周围是被空袭烧塌的建筑残骸，视野变得特别开阔。不一会儿他走到了上野。和尾张町的十字路口一样，广小路也几乎全都瓦解了，可西乡先生在山上的铜像却完好无损。

我在铜像前坐下,不久,日影西斜。……大约从一年前开始,街道每逢夜晚就漆黑一片。大家(为了防备空袭)给窗户拉上黑色的帷幕,为电灯的灯罩挂上黑色的布。我站起来,看了看周围的情形。从上野的山上看莺谷、日暮里的方向,还有一些残骸留下来。在那里,像唰地一下撒上了金色的沙子一样,电灯亮了起来。仔细想想,似乎没有那么多户人家,也没有那么亮的电灯,可无论如何,在夜晚曾经总是漆黑一片的地方有灯亮起来了,我觉得可真美啊。……

我体验过不少令人感到高兴的,或是曾令人感到高兴的事。可是在上野的山上所体会到的这种高兴,是纯粹的,没有一丝阴霾,没有自我反省,没有歉意,没有任何附加条件,让人忍不住想从心底"哇"的一声大喊出来。无论过去还是未来都只有那一次,就是这么强烈。

(《对于我们来说 8 月 15 日意味着什么》)

读完这一段,我们能够从中体会到他的茫然失措。可是花森却否认了这种说法,诚实地说,这只是"不用再去经历战争了，也不用去死了，只是这种利己的感情"。

当然他肯定产生过"自我反省"和"歉意"。可是，距离这些意识清晰地产生，还需要一段时间。在当时那个瞬间，相比"歉意"或其他什么，这种感情要更为强烈——身为人类这种生物，被迫面对死亡时怀有本能的恐惧，因此产生了"不用去死"这一利己的感情，"像被宣告判处死刑的人，忽然被告知无罪时的感觉"。

无论如何，再次受征召和在国内决战而死的恐怖消失了。可是在这之后，一家人要怎样生活下去呢？不仅仅是花森一家，战后的日本，特别是以东京为首的城市地区，"吃什么"几乎是所有家庭首先面对的最大的难题。

> 从宣布战败到年底，日本的物质生活水平凄惨至极，这一时期食物和衣物比战争中还要更为缺乏。……有时要吃麸皮，一家三口不得不靠一捧豆渣维持十天左右。战争结束后，我的左腋下长了一个大脓包，流出来的脓一茶杯都装不下，营养失调得厉害。
>
> （《对于我们来说8月15日意味着什么》）

他把院子改成田地，种了菜，还养了鸡，历尽艰难总算吃上了鸡蛋。可是靠这些根本无法填饱肚子。要购买黑市上的物资就需要金钱，他却没有赚钱的手段。据说，他在走投无路之下，只好在有乐町朝日新闻社的后面开了个咖啡店。真的开起来了吗？这说法似乎有点靠不住。

还有这样的传闻，来自野间宏的回忆——野间宏在这一年的12月，为了成为专业作家而把妻子留在大阪，自己前往东京。

"我曾经在一家名叫'大学出版社'的出版社工作过。社长是樱井恒次，编辑部里有花森安治和我两个人。我对于书籍的编辑出版等工作一无所知，像稿件的排版，还有字体的选择，以及其他一切，都是花森安治一边教，我一边做。花森非常亲切，在教我各种工作的时候完全不会露出不耐烦的神色，还会用'不用那么辛苦。所谓的编辑工作，不是这样忙忙碌碌的，而是更加专注而悠闲的工作'这样的话，来安慰陷入不安的我。"（《座谈会·我的文学，我的昭和史》）

野间宏因为1946年在杂志《黄蜂》上连载《阴暗的画》而为世人所知。从大学出版社的社名来推测，它应该是依靠

《帝国大学新闻》的人脉而设立的出版社吧。有趣的是，花森过去是出了名的工作狂，却会做出"不用那么辛苦"的劝告。可是，这个出版社没过多久就解散了。"好像连一本书都还没出版呢。可是确确实实拿到了工资。"

他做了这样那样的尝试，结果，最靠得住的还是书籍和杂志的装帧，以及画插画的工作。他接了几件工作，比如1946 年 4 月新生社创办的 B5 开本的杂志《女性》的封面画，田宫虎彦编辑的文明社的《文艺丛书》的装帧等。设计师和插画师的工作成了他在这段时间里主要的收入来源。

蓝生女士回忆了那段日子中的某一天发生的事：

"父亲用水彩画好了一幅委托的封面画，放在地板上晾干。我偶然从旁边经过时不小心绊倒了附近的笔洗，正吃惊呢，泼出来的水已经把画给打湿了。在孩子的心里犯下大错的心情无比强烈，我已经做好了父亲会大发雷霆的准备。我记得当时说了'对不起'，但因为受到太大的刺激，记忆就在这里中断了。后来听母亲说，我忽然发起高烧，陷入了昏睡，父亲已经无力发怒，他再三嘱咐母亲，'这孩子已经吓成这样了，别再责备她了'。他应该是趁我睡着的时候重新

画了那张封面吧，当时那种'该怎么办啊'的心情，我直到现在也忘不了。"(《一些回忆：父亲花森安治》)

战败那年的秋天，花森安治满三十四岁，是一个没有固定职业，靠着在家努力工作勉强维持家庭，正步入中年的父亲形象。花森在家里是一个任性的暴君，完全不是一个温柔的父亲，可有时也会流露出温柔的一面。

也是在这一时期，他在挚友田所太郎担任主编的日本读书新闻社的编辑部里得到一个位置——绘制每期的插画和美术字。

就像我在本书序言里写到的，战败后不久，他在这里遇到了朝气蓬勃的女编辑大桥镇子。大桥拜托花森，我们一家人想经营出版社，需要你的帮助。受到委托的花森，在几天后答复道，女性在这次战争中吃了很多苦头，其中有我的责任，所以我会为你们的事业提供帮助。直到这时为止，不，也许是在受到大桥委托之后的几天时间里，他脑海中闪过了各种思绪，对于自己在大政翼赞会宣传部中所做的工作的责任之沉重，终于产生了明确的意识。

根据马场诚《花森安治的青春》中的记载，其实，花森在这一时期好像正与大政翼赞会时的工作伙伴横山启一（曾在日本宣传技术家协会工作，后来在生活手帖社工作）、大桥正（报道技术研究会）、伊藤宪治（报道技术研究会）等人商讨成立新的广告公司。如果仅仅是为了生计，广告公司的工作要可靠得多。可是花森却在多番思考之后，舍弃了成为专业广告人的道路，决定加入大桥一家的出版社。关于选择背后的心情，1971年花森在《周刊朝日》杂志上曾这样阐述：

  我确实犯下过战争罪。如果能允许我找找借口，那就是当时我什么都不知道，我被骗了。可是，我不认为自己可以因此得到赦免。从今往后，我绝不会第二次受骗，也会去让更多的人不再上当。看在这一决心和使命感的份上，我想，过去的罪行至少能获得缓刑吧。

从"被骗了"这一说法中可以看出，从那时起，过去作为翼赞会宣传部的一员，曾经挥舞过战争旗帜的男人，已经揭起"一分五厘的草帘旗"，站到了平民这一边。对此也有人批判说，花森也太会左右逢源了。仿佛事先预料到会有这样的批判，在同一篇文章中，武野武治——在秋田县横手市出版每周一期的小报《火炬》——做出了这样的评论：

"我和花森一样出生在20世纪10年代，从我的经验来判断，花森的草帘旗里有两层复仇的意思。它刺穿了骗人的锦缎旗，也刺穿了受欺骗的自己。"

武野武治比花森小四岁，出生于1915年。他在战争时期是《朝日新闻》的亚洲特派员。战败后，他认为自己身为记者对战争负有责任，因而辞职，回到故乡，在1948年创办了《火炬》。从这一层意义上来说，武野也和花森一样，怀着"被缓刑的战犯"的意识。并且，对于战败后花森毫不动摇地承担起责任的做法，他也一定怀有共鸣——

在战争期间，我挥舞过"一亿一心"的旗帜保护日本人的生活，并非出于本意，却从事了动员人们参与战争的工作。我也是被"国难临头"的危机感麻痹了判断力的知识分子中的一员。诚然，我上当了，因为无知所带来的狭隘。事到如今我并不想逃避这个事实。现在的我就是"被缓刑的战犯"。

在战败时体会到了彻底的解脱感。

认识到了自己犯下的错误。

这两种乍看之下似乎有些矛盾的人生经历，使得花森安治发生了巨大的转变。可以说，他几乎变成了另一个人。从前的花森安治（未经世故的年轻人）因为战败而消失了，取而代之的是我们所熟知的战后的花森安治（顽固的成人），他终于开始显露出这样的形象。

为什么是"衣裳研究所"

1945年的秋天，大桥镇子为设立出版社而向花森安治请教。次年春天，在新桥站附近，靠近土桥的银座西八丁目的日吉大楼三层，"衣裳研究所"成立了。那么，为什么不是"衣裳出版社"，而是"衣裳研究所"呢？

我在刚开始写这本书时还不明白原因，现在却明白了。他想以服装为中心，围绕日本人的生活展开具体的"研究"，用杂志来发表研究的成果。大概这是一年前终止的《妇人生活》丛书的延续，花森曾以安井半太郎的名义参与其中。他想把年轻的大桥的愿望，与自己曾半途而废的计划重新合并到一起。也许这就是当时他脑海中闪现的计划的原貌。

过去，我曾经尝试在大政翼赞会这一政府名义下的国民运动中实现自己"改变日本人生活"的梦想。可这显然是个错误。从今往后，我再也不会和政党、机关、大企业、大学等外人成立的组织有所瓜葛，也不会指望他们的帮助。一切都由我和少数几个伙伴来完成。

因此，我这次的伙伴不是政治家，不是官员，不是企业员工，也不是学者，而是实实在在支撑着日本人日常生活的女性。其中当然也包括男性，可中心是女性。主妇、职业女性、女学生，我想让这些普普通通的女性在日常环境中对自己和家人的生活进行研究——不仅是运用头脑，也要动手，总之就是采用和专业学者不同的方法。我想创造一个这样的地方。如果这个想法能够实现，那么战后的我作为"个人"，大概能够立于战争中那个头脑充血、代表"民族""国民"的我的对面。

花森不是一个只会闷头烦恼的人，无论那烦恼有多深。他会很快想出具体的计划，接着就用余下的人生来专心实现。花森身怀这样的绝技，能力就体现在这里。

我举一个例子。

在金钱和物资都极端匮乏的年代，衣服大多是由人们自己动手制作，而不是现成的商品。可是很难弄到布匹，也并不是人人都有缝纫的技术。那么，就要用已有的材料，想办法做一些不用专门学习缝纫也能制作的衣服。

花森由此想到了"直线剪裁"这一传统的和服缝纫技法。与使用各种复杂剪裁技法的西式服装不同，日本的和服是用长方形的布组合起来的。把没有被烧毁的和服拆开，就能用其中大大小小的长方形布料来制作西式服装。如果事先准备好设计纸样，那么只要有基本的缝纫技术，任何人都能轻松地做出衣服。

这其实并不是简单的灵光一现。花森自从学生时代用浴巾制作了长袍之后，便一直没有扔下这个想法——"服装的基本形态应该是自由度极高的长袍，而不是把人的身体装入其中的固定模子，比如西装"。他的毕业论文主题也是源于这一想法,《妇人生活》丛书的主张也是一样——"日本的和服本来应该更具功能性"。虽然当时的想法落空了,可是到了现在,自己的主张或许能被大众公正地接受吧。我觉得他的想法中也包含了这种斗志。

1946年5月,"我们出版了花森关于直线剪裁服装的 *Style Book*"(《杂志是时代的镜子》),大桥镇子在后来的采访中这样说道。

这本 *Style Book*(1946年夏刊)成为衣裳研究所出版的第一本书。虽说是书,可是恰逢纸张极度匮乏的时期,开本是B5大小,内容仅有十八页。大桥家的三姐妹和她们的母亲尝试了直线剪裁,并身穿做好的衣服拍摄了照片,花森再将其画成效果图。范本是美国的时装杂志。花森不光负责制作了效果图和说明文字,还绘制了封面和裁衣服的纸样。

谁知,这本完全是手工自制的时装样本竟成为爆发式的畅销书。

> 即使没有一块新的布料,你也可以变得更美
> *Style Book* 定价十二元 邮费五十分

印数有限 请即刻预订

东京银座西八之五 日吉大楼 衣裳研究所

他们把这一小块广告印在《朝日新闻》等报纸的正反两面。书籍发售当天，日吉大楼前排起了长龙般的队伍。随后，他们又接连不断地收到订单汇票，大大的布袋子被撑得满满的，订单除了来自东京，还有许多其他城市。他们把汇票拿到附近的京桥邮局兑换现金，数量大到邮局的工作人员叫苦不迭，用"我们这里人手不够，请去银行兑换"的理由拒绝了他们。"我们的工作得到了社会的认可。"大桥这样说。以下引用自2010年生活手帖社出版的大桥自传《〈生活手帖〉与我》：

> *Style Book* 在那年的9月和11月各出版了一册，1947年发行了三册。与此同时，"银座有几个女孩子，出版了 *Style Book*，结果大获成功"，这样的评价逐渐扩散开来。类似的杂志因此一下子增加了三四十种。

花森的想法和服装哲学，加上大桥一家的奋斗——镇子就不用说了，还包括擅长和服剪裁的母亲，以及从朋友那里借来大笔资金的妹妹晴子——两方的齿轮牢牢咬在一起，因此才获得了成功。

伴随着他们的成功，"首饰""衣妆"等并不为人所熟知的复合词和外来词也开始广为传播。这么一来，仅靠一家人已经不足以完成工作了。于是两位女性加入了团队。其中一位是镇子在府立第六女子高中时的同级学生，她的丈夫死在了战场上。

然而，就算获得了如此巨大的反响，*Style Book* 的销量却开始下滑。仅仅模仿 *Style Book* 这一形式的"类似杂志"大量出现，给他们带来了很大的影响。必须想办法阻止这一倾向。于是，他们决定用 1947 年 10 月发行的第五册《上班族的 Style Book》来与它们一决胜负。尽管封面印上了广告语"工作的人，有权变得更美"，但"花森和我们大家都拼尽了全力，销量却并不理想"（《〈生活手帖〉与我》）。

他们想减少一些赤字。出于这个原因，他们借用了镇子朋友的洋房——朋友还没有从疏散地回来——在目黑的柿之木坂开办了"花森安治服饰设计讲座"，还在须贺川、福岛、山形、宇都宫、松山等地展开了巡回宣传——

> 花森首先会提到，穿衣服是一件重要的事，动物就什么也不穿，穿衣服是人类才有的特点。随后他会把服饰和美学相结合，从各个角度展开讲解。他把和服的袖子拿掉，长度改短，穿着时系上腰带，称其为服装的原点，等等。在他的周围，放着 Style Book 里直线剪裁的实物。
>
> 随后，中野家子会在现场利落地裁开和服衣料，运用直线剪裁来制作服装，我和妹妹芳子作为模特为大家展示，大家都听得很高兴。
>
> （《〈生活手帖〉与我》）

可是，即使做到了这些，书的销量还是上不去。只能下定决心从头再来了。"还没有完全发挥出实力就要半途而废，很不甘心"（大轮盛登《巷说出版界》），他把社名从"衣裳研究所"改为"生活手帖社"，1948年9月创立了名为《美好生活手帖》的B5开本杂志。在封二，刊载着这样醒目的创刊词——

这是属于你的手帖

内容包罗万象

希望其中有一两项

能马上对你今天的生活有所助益

即使有一两项

看似不能马上起到作用

也期许能留在你的心里

未来逐渐改变你的生活

就像这样

这是属于你的生活手帖

这段话里使用了很多假名。这是花森式文体的正式登场——不依赖密密麻麻的汉字概念词,而是用日常的语言,直接打动读者。此时,花森第一次清楚地展示了他的新形象——不再局限于服装领域,而是成为一个用自己独特的方式改变日本人日常生活的活动家。

他也放弃了 *Style Book* 系列带有强烈美式色彩的设计风格。改变后的杂志酷似战争中出版的《妇人生活》丛书。

以创刊号来说，卷首是黑白照片八页；后面夹着单独彩色印刷的十六页册子；之后是二十九篇随笔，每篇两千八百字左右，淡然地排列在一起；最后以花森的连载《服饰读本》作为结尾，在结构上很简单。

随笔占据了杂志一大半的篇幅，全部是三段排版。粗细双线（粗线和细线两层组成的线）环绕的排版方式，也延续了《妇人生活》的日式审美风格。

随笔的作者当中，有花森的朋友田宫虎彦、田所太郎、扇谷正造、池岛信平、户板康二、藤城清治等，初期还有志贺直哉、室生犀星、小仓游龟、天野贞祐、长谷川如是闲、川端康成、涩泽秀雄、中谷宇吉郎等名人。花森这种对"第一流的著名人士"（大桥语）的偏爱，终生都没有改变。这和双线排版一样，可以视为他心灵深处温和保守的证明。

很有趣的一点是，花森安治的身上同时有着前卫派的觉悟——他不留情面地对传统的权威做出批判。不，与其说这是他的觉悟或主义，不如称其为趣味，比如女装，比如呼吁亲自动手去制造舒适的生活环境，等等。

是"暮し"而不是"生活"[1]

今天,如果是在一无所知的情况下读到那篇创刊词,恐怕很多人脑海中会浮现出消费社会走到尽头时出现的以"可持续社会"为目标的运动,比如乐活或慢生活等,抑或是这些运动的先导——20世纪60年代的嬉皮士运动。

这么想虽然没错,可事情并不是这么简单。1948年,花森写下"改变你的生活",这里的"生活",首先指的是战争刚刚结束后,既没有住所也缺乏食物和衣服,陷入极端贫困状态的日本社会,以及被逼入绝境的人们的生活。

句中的"改变"一词也是一样。日本人要从废墟中踏出新的一步,就必须摆脱在战前和战争中支配了人们日常生活的狂热的精神主义,并且在各自的生活中大胆地引入简明的合理性。将其与同时代在美国产生的DIY潮流并列来看的话,来自我们祖先的朴素的生活方式就成为很好的范本。

---

[1] "暮し"意为"生活",是日本原有的语言,多为平民阶层使用,一般作为口头用语。日语中也有"生活"一词,多为知识分子阶层所使用,一般作为书面语。《生活手帖》的杂志标题中使用的是"暮し"。

花森在这里用"改变"一词寄托了他的期待。

还有一点,田所太郎在《战后出版的系谱》一书中指出,花森安治通过"生活手帖"这个杂志名称,"花费了将近二十年的时间,用'暮し'替代了'生活'一词,并使其固定了下来"。

也有这样的说法——最初,对于"生活手帖"这一原定的杂志名,发行公司曾指出其"太过晦暗,不好销售",因此不得不加上了"美好"这一形容词。

今天我们看到"暮し"也好,"くらし"[1]也好,会感觉它们带着一点都市的优雅气质,可是过去却不一样。近代日本在翻译 life 一词时使用的是"生活",例如"改善生活""设计生活"等,这个词带有一点洋气的、知识分子阶层的色彩。与之相反,"暮し"这个词及其关联的则是自古以来平民阶层贫乏的生活意象,因此带有几分土气,相比而言更偏向于沉重黯淡的印象,例如"当天挣当天花""生计"等。田所认为,花森安治是彻底颠覆这一印象的人。

---

1 "暮し"(生活)一词的假名写法。

——现在正处在最困难的谷底，今后会有所改变。可是对那改变无知无觉，才是最让人发愁的。

作为这种希望的象征，花森将"暮し"一词与"手帖"这一语感雅致的词语（是来源于杜维威尔的《舞会的手帖》[1]吗？）组合，再用"美好"加以强调，是想借此扭转"暮し"这个词原本的晦暗印象。这一举动获得了圆满成功。田所非常敏锐地指明了这一点。

杂志创刊号的发行量是一万册。可是发行公司却只肯配送七千册，根据杂志第 10 号的后记（后记署名的 S 是指大桥镇子，可实际上应该是花森写的），他们束手无策，只好由五名女性社员把刚刚印好的杂志放在双肩包里，去各处销售——"西至三岛、沼津，北上宇都宫、水户，在每一站下车，跑一家家书店，把杂志送到店里"。之后的第 2 号和第 3 号，接连亏损。

在这种情况下，大桥凭借天生的行动力取得了成绩，第

---

[1] 《舞会的手帖》是法国电影导演朱利安·杜维威尔的作品，1937 年上映。电影日语译作《舞踏会の手帖》。（编辑注）

5号杂志刊登了东久迩成子（昭和天皇第一皇女）的特别稿件《精打细算手记》，获得了很高的评价。以此为契机，第6号卖出了四万七千册，杂志总算进入了上升轨道。

值得注意的是，尽管杂志的目标群体主要是二十多岁和三十多岁的女性，却意外地拥有数量众多的男性读者。其中有一位名叫梅棹忠夫的读者，曾在大阪大学理工学部担任助教。

"梅棹将自己的生活方式和研究融为一体，比如自己动手改造房子的结构和地板。他家里放着木匠用的工具，花了好几年的时间改造自己家房子的结构。梅棹1950年前后就有了这种想法，每期《生活手帖》他都买了。"（鹤见俊辅在与森毅的对谈《让人生摆脱无聊的知识》中的发言）

战败之后好几年，人们衣食方面的窘困状态终于有所改善，对"住"的关心日渐高涨。有人从烧毁的废墟中捡来红砖砌起西式壁炉，也有人用锡纸制作冰箱。还有夫妇两人自己动手，用三十七个苹果箱制作了床、橱柜、桌子、书架等家具。包括这些例子在内，花森的杂志上也刊登了不少关于"住"的文章，例如搭建小型住宅，或是如何改造三叠及四叠半大小的住宅，等等。还出版了《居住手帖》别册，包括正刊和续集在内一共两本。

天性容易沉迷的花森安治也自己动手制作过大型手工，例如利用废弃材料制作音响架，或是英式风格的书桌等。花森原本就喜欢细致的手工作业，也很擅长这个。蓝生女士曾笑着说过，"战后物资匮乏的时代，父亲曾亲手为我做了木屐"。据说少年花森在神户时，曾花了一天时间蹲在路边，看着木屐店的工匠工作，从而记住了这门手艺。

梅棹忠夫也是颇为狂热和坚定的DIY派，像他在年轻时就结交的友人鹤见所提到的那样，他也在同一时期致力于依照自己的喜好改造房间、制作书架等。因此，他从那些文章中嗅到了与自己相同的气息，从而立即成为忠实的读者。梅棹是京都人，年龄比花森要小十岁，相比遍读理论书籍，他更喜欢置身实地，动用自己的双手和头脑。这种关西人身上常见的实用家气质，好像与花森有某些共通之处。

就这样，杂志逐渐收获了一些预期之外的读者，原本是仅仅靠着一股干劲开始的杂志，随着发行期数的不断累积，拥有了更为鲜明的面貌。

第九章　女装传奇

女装怪人上街去

日本战败后五年左右,这一时期的花森与其说是杂志的主编,不如说是一个有着古怪一面的服饰评论家或社会风俗评论家。这"古怪一面"的象征,便是他那著名的女装习惯——明明面容威严却把头发烫卷,并且穿半身裙。综合杂志《改造》的《人物速拍》这一匿名专栏,曾在1951年5月号刊登过这样的文章:

> 这里是新桥站附近的柏油路。有人上身穿俄式衬衫,衣服边缘还镶着红色的带子。看看他的发型,只见他前边

留着刘海,后边烫着卷发。打扮成这般奇异模样走在路上的这个人,是男还是女?或者,我不禁怀疑,这是不是曾在报纸上引发过一阵骚动的上野山上的男娼,因为生意不好而下山招摇过市?可是,那人身旁还跟随着一位身穿美丽西装的女性,看起来二十五六岁。我悄悄地跟在这个怪人身后,只见他步入了银座深处一座小小的建筑物中。入口处,在其他招牌之中夹杂着"衣裳研究所"的名牌。

虽然准确的时间无法考据,但花森像这样身着女装是在战后不久开始的。可是,他穿的是不是真的女装,有各种各样的说法,没有一个定论。

他常年的工作伙伴大桥镇子(匿名专栏里所写的"身穿美丽西装的女性")断言,长发和烫发确实是事实,裙子却只是谣传。《花森安治的工作》的作者酒井宽也提出过见解,认为那并不是裙子,而是"幅度较宽的裙裤,或是苏格兰士兵常穿的短裙"。可按照大桥的说法,那也不是裙裤,而是因为花森过去很胖,夏天穿的短裤下摆太宽,看起来像裙裤一样,仅此而已。(《〈生活手帖〉与半世纪》)

可无论身边的人如何提供证言，包括他亲密友人在内的很多人都无法否认，花森的奇装异服是货真价实的女装，就连花森自己也积极地承认这一点，甚至是有意识地想要利用这一点。曾经于朝日新闻社的扇谷正造手下工作的大田信男就这样回忆——

> 大概是在昭和二十五、二十六年吧。一天，扇谷先生对我说"一起去散个步吧"，他带我去了《生活手帖》编辑部，位于新桥站土桥旁一座小楼的房间里。……他确实烫着头发穿着裙裤，是个样子奇异的男人。
>
> （《记者的"战友"》）

下文引用的《文艺春秋》主编池岛信平的证言尤为众人称道。据说这是花森和池岛，加上《周刊朝日》主编扇谷三个人，在NHK（日本放送协会）的广播上主持三人谈话节目《旁观者清》时的事，节目很受欢迎。某次池岛和花森两人为了参加NHK主办的演讲会而前往仙台。距离开演时间还有一阵子空余，两人决定在酒店按摩——

那天天气有点冷,我们两个人躺在床上,把被子一直拉到胸部以上。唰啦一声,推门开了,一位按摩师走了进来,她不是盲人。

按摩师看了看两张床,踌躇片刻,随后说道:

"我先为夫人按摩吧?"

我大吃一惊,差点跳了起来。

花森不喜欢我对外人说这件事,他总说"别再提那件事了"。可这件事是让我大吃一惊的真事,他会原谅我的。

(《我的人物评》)

池岛都描述到这种程度了,一定是"确有其事"了。还有好些不知是真是假的传闻,例如花森住院时病房的名牌被写成了"花森安子",在乘坐飞机时空姐把他带到女厕所他也毫不在乎地进去了,等等。1953年,花森在《每日新闻》的谈话专栏《狐狸问答》中写到,自己与社会党女议员大石佳惠见面时的对话就极为精彩,让人忍俊不禁。

两人见面时,花森烫着卷发,身穿扣子在右侧[1]的青色大衣,袖口露出深红色的毛衣。大石见到这副打扮的花森——

大石:你的声音是挺威风的男声啊。真是……挺不错的。(她好像把花森误认成了女性)

花森:(苦笑)谢谢……

随后,大石在谈话中呼吁花森与自己联合,"我觉得,如果你当上议员的话一定很能说会道"。对谈是这样结尾的:

大石:对了,(稍微想了一会儿)你啊,有丈夫吗?老实交代。(笑声)

花森:(一边苦笑,一边像是在自言自语——看来是被我蒙混住了)

大石:但这属于个人隐私,我还是不要追问得太紧了……

---

[1] 西式服装的习惯为男装扣子在右侧,女装扣子在左侧。

这个对话让读者看得很开心。大石佳惠的绰号是"女猩猩",是一个武斗派,以不亚于男人的风采而为人所知,因此这桩笑话就更显得好笑了(大石在第二次选举中落选了)。并且,令人感到吃惊的是,这个传说在十年后,也就是在我大学毕业之后,仍然被活灵活现地传来传去。在当时的社会,报纸杂志和电视等大众媒体还没有掌握控制公众的权力,谣传需要经历很长的时间才会被消费殆尽。

我顺便再引用一条。法国文学研究家河盛好藏曾经也是《生活手帖》的作者之一,他在1956年出版的《周刊读卖》增刊上曾这样写过:"花森是个很夸张的人。我们去外地演讲的时候,也会不时利用花森安治的名声,听众们光是听到花森这个名字就会笑出声来。他的人气高得令人吃惊。"(《穿"女装"的正常人》)

很明显,这笑声是因为花森"女装"的滑稽印象已经广泛传播,成为定论。虽然现在已经不太能想象得出来了,但这一时期在他备受欢迎的背后,是"非常浮夸的人"的形象,也就是说花森安治是一个"搞笑的红人",大众的这种印象已经牢牢地附在了他的身上。

为什么要穿女装？

花森是一个很有男子气概的男人，这一点甚于常人。他在自己的团队里以一家之长和完美主义的独裁者的姿态独霸一方，这一点不知怎的会让人联想到黑泽明。这样一个男人，为什么要在战后选择穿女装呢？

有人认为他是在故弄玄虚。

"感觉这是他的'投机表演'。"

这是学习院大学法学部教授河合秀和后来与古谷网正对谈时所流露的感想。这么说来，当时接连出现了好几个厉害的著名艺术家，比如敕使河原苍风、冈本太郎等，花森也可以说是其中之一。也有人持这种说法——花森骨子里是个广告人，做这些是为了让自己的杂志吸引大众的目光，他自己就是行走的广告牌嘛。

还有一种说法，说他以此来执拗地表现对女性所怀的罪恶感。酒井宽在自己的著作里引用了大政翼赞会时期与花森共事的同事所说的话："花森在战败后立刻留起了像女人一样的长发，穿起了裙子，这些难道不是他内心曲折的表现吗？"

前文介绍过的大田信男似乎也有同样的印象。"花森这种情况,应该是极其渴望与战前的自己诀别。""他曾经在那里(大政翼赞会)努力工作,留着板寸头,身穿国民服,一副精神激昂的样子——因此,他是在折磨自己。"

我认为,无论哪一方的说法都不能说是完全错误的。花森自己也承认过,自己从中学时起就是"爱出风头的人"。另外,他也有一份责任感——要让煞费苦心才终于成立的衣裳研究所和《美好生活手帖》维持下去,自己就必须承担起广告牌的角色。更确切地说,是他心怀内疚。像是筹集资金,还有辗转换乘列车再步行去推销杂志等,都是女性们承担的任务,在这类事情上他什么也没做到。

对女性来说"不好"的事情他倒是做过不少——从战争期间的宣传单、对劳动裤的提倡,到制作宝冢那战意昂扬的歌舞剧脚本。因此不能否认他有赎罪的想法。所以,这个说法也是对的。可是我认为这两种说法都有些过于简单。是否可以断言,花森仅仅出于这些理由就穿着女装四处奔走呢?我对这一点怀有疑问。我认为,他的女装有着一定的文化背景,不能只当作战后短时间的风气来看,应该从更为广阔的时间维度出发去思考。

依我之见，首先是我在前文中介绍过的，第一次世界大战后，对日本来说则是关东大地震后，在东京和关西等大城市出现的新的艺术文化的影响。少年时代的花森被当时欧洲的前卫艺术运动所吸引，比如构成主义、未来派等等。

具体到包括女装在内的奇装异服，他原本就不排斥这些与众不同的时尚。比如他在大学时代自制长袍；还有高中时在小仓布的校服上涂抹夸张的图案，穿着它在松江的街道上昂首阔步。从这些行为可以看出，他对国内外前卫艺术家们作为一种艺术行为的奇装异服所怀的憧憬和抗衡心理。实际上，在关东大地震后的东京，游荡着许许多多身着奇装异服的前卫艺术家，其中以村山知义为代表。他们身着异装的动机和目的各不相同，其中也有花森的老朋友今和次郎那样的人——日常生活自不必说，就连去大学讲课和出席婚礼葬礼等，也都只穿休闲夹克衫。

花森会留女式发型也是因为这一点。村山知义、藤田嗣治的童花头在当时广为人知，如果把范围放宽的话，当时很受欢迎的作家武田麟太郎的长发也可以算一例。总之，从这些可以看出，第二次世界大战后（第二次战后虚无派）花森的女装行为并不算是什么反常的举止。不，可以说是反常，但从延续乃至复活第一次世界大战后（第一次战后虚无派）的新风俗这一意义上来看，这反常跨越了相当长的年限。

花森在日常生活中也是一样，他出于爱好会做缝纫、料理、扫除等工作。他不仅爱好这些，也拥有这方面的才能。

他在和歌山的陆军医院住院时，出于无聊，不知和谁学着做了罗纱刺绣的零钱包，钱包现在还留在蓝生的手边。他在冷布质地的纱布上用彩色线做了刺绣，将其折叠，在边缘缝上拉链。钱包做得令专业人士也相形见绌。"在箭尾羽毛的图案上，用红色的线绣着母亲名字的首字母 M。母亲大概是出于爱惜而舍不得用，钱包里直到现在都是干干净净的。"（《文艺别册·花森安治》中收录的采访）

花森不仅擅长针线活，也很擅长做饭。百代夫人从小就是娇生惯养的大小姐，连米饭都没有煮过，刚结婚时好像总是做不好饭。当时是怎么解决的呢？对于我的问题，蓝生这样回答："母亲后来好像去上了料理课，可最早应该是父亲教的吧。"

不要说是自己的妻子了，花森的身上还有这样的传说——在大学时代，他不请自来地跑到刚刚结婚的朋友家里，去教还不太会做饭的朋友妻子做家常菜。也就是说，花森闯入了"男性禁止入内"的女性劳动的领域，早早地开始自己动手从事简单的家务劳动。不光是做饭，他很喜欢学习这些日常琐碎的生活技术，也喜欢教给别人。这种类型的男性知识分子在战前是不存在的，就算有，也是极少数，一个突出的例子就是教女儿文如何做家务的小说家幸田露伴吧。

花森对家务和手工艺的兴趣，伴随着他撰写了毕业论文和出版了《妇人生活》丛书。并且，通过为战后生活贫乏的女性出版新的生活杂志，这一点也开始逐渐自觉化。换句话说，也就是从兴趣变为了思想。花森安治的女装，不仅有着奇异和滑稽的一面，也包含了在这过程中他所做出的选择。

批判制服化的西装

除了上文提到的这些，花森穿女装还有一个动机，那就是他对西装文化的排斥。他在同一时期曾通过时装评论和社会时评反复表明过这一点。

花森第一次涉足记者领域,应该是在中央公论社历史悠久的硬派女性杂志《妇人公论》上发文。1946年春天进入该社的三枝佐枝子(后来成为《妇人公论》的主编)曾这样说:

> 当时我工作的杂志《妇人公论》虽说是女性杂志,却几乎没有任何时装类的文章或是令人愉悦的生活类文章。有天,编辑部里一位东大毕业的男性提到,曾和他一起在东大学习美学专业的男人成立了一个衣裳研究所,不如让那人来写一写时尚。我于是做了计划。当时是昭和二十一年的第十二期。
>
> 那是我第一次知道花森安治其人。他提议的用直线剪裁制作的洋装,令我感到非常新颖而富有魅力。
>
> (《〈生活手帖〉改变生活方式》)

曾任《日本经济新闻》记者的藤原房子在座谈会上谈起对花森安治的第一印象时,提到的也不是《生活手帖》的主编,而是时装设计师。在战争刚刚结束时,"剪裁床单、窗帘、旧和服来制作衣服的时代，花森先生那些直线剪裁的服装让当时还是个女学生的我觉得自己也能做出来（笑）"（《花森式生活学的四十年》）。

从她们的话语中可以推测出，花森起初是作为直线剪裁的提倡者吸引了年轻女性的关注。他在这方面流露出的对陈腐常识的辛辣而尖锐的批判，一下子将他推到了时装评论乃至社会风俗评论等领域。

从战争结束到50年代中期的大约十年间，花森除了是杂志编辑之外，还作为很受欢迎的时评家持续活跃在报纸、杂志、广播、演讲等领域。其中最受瞩目的就是我刚刚提到的"反西装"的主张。

> 既没有相关规定，也不曾有哪里的谁下过命令，可上班族这一群体却几乎都穿着西装。而且，任何人都没有对此感到不可思议。
>
> （《工薪族的制服》）

这名为西装的衣服，作为工作时的着装，并不是什么值得赞赏的形态。……当男人们怀着要做一项大工作的心情时，通常会脱掉上衣，露出穿在里面的毛衣或者背心，然后开始工作。可如果房间里很冷，就只能穿着上衣工作了。这么一来，回到家时一定会觉得"好累啊"，或者"肩膀好僵硬"，这种情况很常见。

（《只有一身衣服的男人们》）

不只是西装，从学生装到军装、国民服等，花森非常讨厌这些不是从人的穿着出发，而是把人裹住的模式化的制服。

可是，这样的花森在战争时期也不得不向军装和国民服妥协。虽然他尝试用《妇人生活》丛书和自制防空服等作为抵抗，却都进行得不顺利。结果只能接连不断地妥协。怀着对这些过往的反省，战后的花森将反制服、反西装的主张作为自己的个人运动，因此可以毫无顾虑地进行到底。

战争结束后，在贫乏的生活中，一股自由的风猛地吹进了日本社会。可是没过多久，男人们的衣着就早早地回归了整齐划一的西服。之所以说是回归，是因为战争开始前的大正到昭和的过渡时期，西服已经作为上班族的制服固定了下来。印度诗人、哲学家泰戈尔在1916年第一次访问日本后所说的话，描绘出了当时的情景："日本舍弃了固有的服装，热衷起工作服。现在它可以被称为工作服的王国了，这一倾向也正在全世界扩散。这服装所陈述的不是这个国家的居民，而是（起源自欧洲的）事务所的王国。"（概括自《泰戈尔著作集10》中的《日本纪行》）

泰戈尔与当时已去世三年的冈仓天心曾是至交。天心在生前认为，无论印度、中国、朝鲜还是日本，长袍才是亚洲的传统服装，所以他一直身穿自己设计的、近似中国道服式样的服装。因此，当泰戈尔理所当然地怀着"日本人现在也身穿和服生活"的想法来到日本，看到的却是与宽松的长袍正相反的服装，他所说的"工作服"，也就是西装，这一拘束人的定制式服装正旁若无人地蔓延泛滥，他为这景象感到愕然，不禁发出了这样的感叹。

花森对制服的厌恶和对长袍式服装的偏爱，多半也继承自天心和泰戈尔的"反西装"主义。1952年，创元社翻译出版了埃里克·吉尔的《服装论》一书。花森受委托写序，他借此发表了"比起女人穿裤装,男人穿裙子要更加合乎道理"这一具有挑衅性的言论。

还有一点,在花森反制服、反西装主张的深处,也有着对日本社会中逐渐蔓延的权威主义的反对。为什么男人们会将西装这种憋屈的服装作为"工作服"且经常穿着呢?他认为首先是因为西装代表了一种社会特权。

> 如果一个人只是小学毕业,通常不会成为工薪族。按照从前的情况,一个人要从专科学校或大学毕业,在能够获得月薪的情况下,才会被称为工薪族。……在获得月薪这层含义上,又加上了知识分子的含义。……从教养的层面来说,是社会里中等或偏上的阶层……西装本身是否适合生活,或者是否贴合自己的身材,倒是其次,一心希望能被看作是知识分子,被看成有知识的人,所以才要穿西服,我认为是这么一回事。"
>
> (《工薪族的制服》)

关于帝大学生的制服和帽子,他曾这样说过:

回忆起我们的学生时代,所谓的帝大学生,不愿意被和私立大学的学生混为一谈,特意在显眼的地方佩戴上帝大的胸章。我不得不认为,在这种心情之下,他们已经培养出了身为帝大生的特权意识。……只要两三个朋友聚集在一起,立刻就会讨论起这种话题(现在也是)。我也是从这所学校毕业的,却对这种现象感到非常生气,背后发冷。……因为这现象中包含了骄傲自负的特权意识,包含了将一般国民视为不值一提的鼠辈、只有自己高高在上的意识和心理。

(《大学生的胸章》)

作为代替西装的"工作服",花森提倡用"便宜而结实的棉布"自己制作"像工装那样方便穿着的、轻松的上衣"(60年代开始的牛仔布文化的先驱!),并且亲身进行了实践。

今和次郎是休闲主义的前辈。他比花森大二十三岁,是在大地震之后的东京创造出"考现学"这一新学科的人物,也是早稻田大学建筑学科的教授。此人终生拒绝正装,就像我前文简单介绍过的,他无论是在大学,还是在自己担任会

花森经常把烫过的长发高高地扎起来,这个发型也很好看。拍摄于银座的生活手帖社。

长的日本建筑学会等公开场合，或是出席婚礼葬礼等，全都将"方便穿着"的休闲风格贯彻到底。现在去图书馆或旧书店，仍然能找到他所著的《穿休闲装的四十年》这一奔放豪迈的作品。

就像内村鉴三、今和次郎等人一样，花森不仅仅停留在思考层面，更是将思考的成果迅速化为行动，一定要做了才行。他也不会等别人先做了自己再去做，而是要自己一个人去做。花森就是一个有如此秉性的人。

裙子？

就像大桥镇子所说的，或许那实际上是短裤或裙裤。也许，这就是真实的情况。可假如那真的是裙子，我也丝毫不会感到不可思议。他的女装与性别无关，只关乎道理。这当中自然而然地生出了滑稽感。战后，花森的周围环绕着这种招人喜欢的气氛。

第十章 拒走回头路

杂文家时期

花森安治在战后作为时事评论家,在 1950 年到 1954 年间出版了《服饰读本》(衣裳研究所)、《流行手帖》(生活手帖社)、《生活的眼镜》(创元社)、《风俗时评》(东洋经济新报社)、《颠倒的世间》(河出书房)等五本小部头散文集。

当时的花森是大众媒体记者中颇受欢迎的人物,因此除了收录到这些文集中的文章之外,他一定还撰写过大量文章和阐述自身想法的"杂文",这一点是毫无疑问的。

可令人感到不可思议的是,从 1954 年直到去世,除了 1971 年出版的《一分五厘的旗》(生活手帖社)——收录了他在《生活手帖》上的撰文，B5开本，附带函套——花森再也没有出版过自己的著作。因此，我们无论多想读，也读不到他的其他文章。不仅如此，我们也无从知晓他何时在哪里写过什么样的文章，这种情况一直延续到了最近。

之所以说最近，是因为在花森一百周年诞辰的2011年，情况发生了巨大的改变。《生活手帖》的老牌编辑北村正之辞职后，和老朋友中村文孝一起，走访各地的旧书店和图书馆，埋头搜集这些几乎湮没无闻的文章（除去在《生活手帖》里发表过的文章）。同时他们设立了小型出版社LLP Bookend，出版了三卷本的《花森安治讽刺文集》。多亏了他们，我们才能对花森安治这位战后日本具有独创性的思想家在文学上的成就进行一番整体的回顾。

和我想的一样，文章的数量非常多，他们不得不接连出版了三卷《花森安治集》和一卷《社会时评集·花森安治·昨日今日》。

和现在各位当红作者所写的量相比，花森的文章也许称不上很多。首先，当时出版物的数量和现在就不一样，杂志领域亦然。尽管现在数量有所下滑，但在2011年，市面上发行的月刊和周刊加起来仍有三千三百七十六种（七年前的2004年是四千五百四十九种）。而在《美好生活手帖》创刊的两年之后，即1950年，刊物的发行种类是一千五百三十七种。而且和现在的刊物相比，当时尽是一些薄得令人难以置信的小册子。

"花森在媒体上的曝光度非常高，不仅是杂文，还有采访和对谈等。这也是因为他拥有与之相匹配的人气。"

当我和赠书给我的北村先生谈起对《花森安治讽刺文集》的感想时，他说：

"我认为也有一部分经济原因。"

"是为了家人的生活吗？"

"有这方面的原因，还有就是杂志在创办初期好像也挺不容易的。"

杂志创刊时，大桥镇子以下的编辑部成员背着双肩包，分别在电车的东海道线、东北线和常磐线的各个车站下车，沿路寻找书店销售杂志。北村说的就是这一时期。酒井宽也曾写过："有时会遭到拒绝，有时会在金钱方面被敷衍糊弄，曾有过一些令人想哭的遭遇。""花森做了什么呢？他在墙上

贴了地图，在背包部队今日到达的车站标上记号，烤好红薯，等待着大家在夕阳西下时归来。"(《花森安治的工作》)

可不管怎么说，只负责烤红薯还是太对不起大家了。他于是出售自己，尽可能地挣钱，把这成果的一大部分都给了杂志。穿女装也好，写滑稽的文章也好，他这样把自己出售给媒体，有不少是出于这一层面的原因。

反对"逆流"

我一口气读完这些文章后发现，花森后来在《生活手帖》中毅然实行的不少尝试，在这一时期已经有了萌芽，可以说正在渐渐成形。可是，在具体阐述这一点之前，我有一个一定要解开的疑问。就像我刚刚提到的，在1954年《颠倒的世间》出版之后，花森完全停止了自己著作的出版。因此我的疑问是——直到《一分五厘的旗》出版为止的十七年间，他为什么连一本书都没有出版呢？

而且，不仅是书，除了自己的杂志之外，他竟然没有为其他任何报纸和杂志撰写文章，连采访也都拒绝了。不过，因为他喜欢与人交谈，所以出席朋友们的对谈或座谈会还是延续了一段时间。可是连这个领域他也逐渐撤退出来，把发言的场所限定在了自己的杂志上。所以说《生活手帖》是他的堡垒嘛。在 1954 年之后，直到 1978 年忽然过世为止，花森都固守着《生活手帖》这个自己亲手制作的"纸上堡垒"。

我首先想到的，是这个人的任性和固执的秉性。他毫不在意世间的看法，把想做的事情做到底，按照自己的方式随心所欲地生活。以他的这种脾气来看，无论是报纸还是杂志，都是依赖现成的商业文章，对于这样的工作，他已经非常厌烦了。从《颠倒的世间》一书中，能找到几处他通过戏谑的文章来吐露这一心境的描述，可作为证据。比如《现代阿谀术》一文，特别是最后的段落：

请把这篇文章，从头到尾，仔仔细细，再读一遍吧。你一定能察觉出，这一字一句，乃至所有一切，都是对读者绝妙的"阿谀"。

想到点什么就写成杂文，没有什么实际用处，只想用它们来换些钱。这个行当,也只能算是一种百无聊赖的"阿谀术"罢了。

从工薪族接待客户的高尔夫,到政治家和官僚们的对美交涉,有人用文章调侃这已泛滥成风的"阿谀奉承"。而这调侃本身,其实也是以"批评家""评论家"为名的杂文作者面对读者和媒体所显露的一种媚态——他在文章的最后做了这样的反转。尽管肯定有过羞怯和辩白,但这才是花森当时的真心话,或者说是自我批评,是自己对自己的嘲笑——"喂喂,看看你在干什么呢?这就是你现在真心想做的事吗?"

我刚才也说过,花森是一个固执的人,写文章的时候喜欢把想说的话直接传达给读者,也很擅长写这类文章。在这一点上,他与同时代杰出的讽刺作家坂口安吾和太宰治等人不一样,与稍年长的德川梦声、高田保、漫画家近藤日出造等人也不一样。花森写的讽刺文带有一点勉强,显得有些生硬,带着些许不自然的内向。尽管他自己也明白这一点,却还是写了。不能这样安于现状,自己一定要做点什么……

当时的花森,毫无疑问怀着这样的紧迫感。

当我们继续把这本书读下去,就会明白他借戏谑文章吐露心声的背后,还有一件更大的事——50年代的前半,战后的社会日渐显露出急转弯的风气,花森对此怀有很大的抗拒感。请大家对比看看下面两个简略年表,前者是这一时期花森与《生活手帖》的变化:

1948年 将社名由衣裳研究所改为生活手帖社。《美好生活手帖》创刊。

1953年 "生活手帖研究室"落成。从杂志名中去掉"美好",变为《生活手帖》。出版著作《风俗时评》《生活的眼镜》。

1954年 开始连载《商品测评》栏目。出版著作《颠倒的世间》。

与这一过程并行,战后的日本和国际上接连发生了以下这些事:

1950年 朝鲜战争爆发。成立警察预备队（即后来的保安队）。开展赤色清洗。

1951年 签署《旧金山和平条约》。

1952年 开除公职的人被复职。制定《破坏活动防止法》。《日美安保条约》生效。

1953年 教育行政进一步中央集权化。

1954年 渔船"第五福龙丸"在比基尼环礁遭遇辐射污染。保安队改编为自卫队。

各位明白了吧。花森安治的《生活手帖》编辑活动渐渐走上正轨，同一时期，美军占领下的战后改革运动，借着朝鲜战争和日本独立的机会，方向突然一变，愈发明显地要将日本引回与战前相近的体制。当时，指代这个现象的"逆流"一词也成为流行语。

这两个简略年表之间的密切关系，不能仅仅看作是偶然的一致。我之所以会这样认为，有好几个理由。在这里姑且援引1954年出版的时评集《颠倒的世间》里收录的《依葫芦画瓢的推荐》中的一段：

时下的日语当中，有很多词连日本人也看不懂（或者说正因为是日本人才看不懂）。举个例子，有人说占领政策做得太过火了，应该适当订正。把这句话翻译成标准语，差不多就是"停止对美国的东施效颦"吧。如果用更为绅士的语言来说，就是"让美丽神圣的大和民族恢复本来面貌"吧。……

独立也好，自立也好，谄媚的笑脸都打了水漂，民主主义什么的见鬼去吧。美国怎么了，苏联怎么了，我们可是独步世界的独立日本。……出去走几步看看。警察（policeman）放弃了东施效颦，一下子变成了巡警（omawari），呼来喝去的。……还有什么公平交易委员会，反垄断法，都是东施效颦嘛。自治体的警察也是不知廉耻地依葫芦画瓢，本来啊，内务省警保局只需要一个按钮就能把指令下发到全国了。

我在这里做个多余的说明，花森所说的"独步世界的独立日本"，是指战败的六年之后，即 1951 年，《旧金山和平条约》签署，正式宣告日本脱离了"同盟国军事占领下的日本"这一境况。在此前一年，即 1950 年，朝鲜战争爆发，相互作用之下，日本开展赤色清洗运动，成立警察预备队（自卫队的前身）。1952 年制定《破坏活动防止法》，进而开始讨论新宪法的修订等，"适当订正"战后做得太过火的占领政策，从而让日本回到战前"美丽"的日本，这样的行动逐渐浮出水面。这一倾向正是"逆流"——抓紧这次机会，一口气逆转历史的潮流。

进一步说，一方面朝鲜战争中，美国对物资的需求使战后日本处于谷底的经济状况得到缓解，日本社会开始朝经济高速发展的方向狂奔。《颠倒的世间》出版发行的 1954 年，在政坛的混乱之中，鸠山一郎成立了日本民主党，吉田茂首相率领的自由党内阁全体辞职。这一年，美国在比基尼环礁进行氢弹试验，使捕捞金枪鱼的渔船"第五福龙丸"受到辐射。在这个事件的影响下，这一年也成了"哥斯拉"大卖的一年。1955 年，日本自由党和民主党合并为自由民主党。不久，右派社会党和左派社会党再度统一，在美苏冷战的政局下，两大政党开始了"五五年体制"。

在 50 年代的前半，这些事情接二连三地发生。可以说，战后的日本第一次迎来了大的转折。当时，尽管我还只是一个刚升上中学的淘气包，也隐隐约约地感觉到了时代的风向正在发生变化。花森安治在这样的时期写的文章，被编辑成了一册——《颠倒的世间》。此书日文写作《逆立さの世の中》，其中的"逆"字，指的当然是"逆流"（逆コース）的"逆"。

是的，在乔装而成的讽刺风格杂文背后，是花森真实的怒气，还有强烈的焦躁感。不久之前，日本战败，还是一片废墟，长久以来军部独裁下的战时体制所带来的紧张气氛忽然消失，随之而来的有茫然若失，也有今后可以自由地去做任何事的解脱感。而这巨大的解脱感，或者说是自由，因为近来的"逆流"，变成了"过火"和"对美国的东施效颦"。花森对此感到无法忍耐。

在前文引用过的访谈《对于我们来说8月15日意味着什么》中，花森曾把战争结束后的两三年称为"梦幻的时代"，"确实没有吃的，可也没有痛苦，什么都没有。倒不如这么说……每天都很灿烂耀眼，很高兴，像是在腾飞跑跳一样"。

当时，我朦朦胧胧记起来的，是战争快要开始时的感受，我很反感，想要反对。可是作为反对的一方，也必须有足够值得自己守护的东西，不是吗？也就是说，我也没有找到。……我们一般人，如果没有这个值得守护的东西，就会被轻而易举地连根拔起。甚至都不用拔，因为本来就在无根地漂着，只要拨弄着集中到一起，一下就能被捞走，像浴缸里的污垢一样。

所以我在想，天皇殿下也好，神国也好，大和民族也好，除了跟随这些东西之外，还有没有别的什么呢？比如，我们每个人的生活？如果大家都非常重视自己的生活，那么当有人要破坏这生活时，难道不应该战斗吗，难道不应该反对吗？

当然也包括他自己在内，在那场战争中，大家都变成了"浴缸里的污垢"，轻轻地漂浮在热水上，这比喻听起来十分苦涩。

他说出这些话是在1975年。再回溯二十五年，在50年代的前半，"逆流"正处在高潮，花森当时还认为，这种事态并不是最近才开始的。"世间的齿轮"，其实早已经"一点点地往回拨"了——就在原定于1947年2月1日的总罢工（全国规模的同时罢工）发生前夜，占领军总司令麦克阿瑟将军突然下令中止罢工的时候。事情终于发展到了眼前这个地步。正因为如此，他再也无法忍受事态进一步发展了。

花森这个人的性格，是一旦下了决心就会执行到底。在这个时期也是一样。他未雨绸缪地想要应对有可能会发生的新战争，前往日本各地去发掘"反对战争"的基础，也就是"值得守护的""每个人的生活"的具体事例，并认真地锤炼它们。为此，他着手进行两项工作。

第一项工作，是停止自己作为大众媒体人气偶像的活动。随着"逆流"倾向的日渐深入，自己在短短数年间亲身体验过的解脱感变成了"梦幻"。作为一个善于反转戏谑的讽刺作家，在现成的大众报刊上发表言论——花森已经无法从中获得以前那样的成就感了。

不管多么难以实现，但与其在这种事上浪费力气，不如与所有的"嬉笑怒骂"断绝关系，自己为自己确保一个能够直抒胸臆、任性妄为的地盘。

就这样，在50年代进入下半场时，除了自己的媒体之外，他开始有意识地减少在其他媒体上露面的次数（不包括他信赖的友人扇谷正造主编的《周刊朝日》和池岛信平主编的《文艺春秋》），最终也停止了自己署名书籍的出版。并且，他同时开始了第二项工作，那就是以变更杂志名称为契机，使其脱离女性杂志的范畴，筑起新的"纸上堡垒"，并就此闭门不出了。

筑起"纸上堡垒"

在1953年12月发行的第22号杂志上，杂志名称中的"美好"一词消失，变成了没有形容词的、单纯的《生活手帖》。从中我们能看到两个巨大的变化。

第一个变化与杂志的外观有关。杂志曾延续战时《妇人生活》丛书的特点，是以随笔为重心的文字读物，今后将力推图片和插画，变成以视觉为重心的画报。

第二个是，过去的杂志始于大桥镇子在战争时期孕育的梦想，是"为同龄女性出版"的女性杂志，今后将转变为生活综合类杂志,让女性的活力化为翅膀,给日本人的生活意识带来本质变化。这个变化触及了杂志的基本方针。

因为这两个变化,《美好生活手帖》在后来,逐渐变成了包含随笔、报告文学、对谈、照片、图标、合订的绘本等内容的杂志。这些多彩的内容宽松地组合在一起,构成了杂志的形态。在第22号,杂志更改了名称,到了1954年9月发售的第25号,杂志几乎达到了完成形态。所谓的完成,指的是我们所熟悉的《生活手帖》的风格已经形成了。

这里的"我们",也包括了还是个少年的我。

说到1954年,是我升入东京的都立高中的年份。我在那之前就知道了《生活手帖》。母亲订阅了这本杂志,过刊放在起居室的壁橱里。从中学时起,有时我会抽出来读一读。也不算是读,只是啪啦啪啦地翻动书页就觉得挺开心的。那时杂志留给我的明快印象,直到现在仍然留在我的记忆里。因为那是一个纸张粗糙低劣、使用活版印刷的时代,除了从美国直接进口的日文版《读者文摘》以外,几乎所有的杂志,翻开来都是灰蒙蒙的,很黯淡。父亲买回来的《周刊朝日》《文艺春秋》也不例外。只有《生活手帖》不一样。倒不是主编的思想云云，首先单纯在视觉上就很明亮。我尤其被占据杂志三分之一篇幅的图片页所吸引。在硬质的具有透明感的纸上，精度很高的黑白照片紧凑地编排在一起。我也很喜欢彩色印刷那清淡的色调，一点也不刺眼。

直到半个多世纪后的今天，翻开已经变成老古董的初期的《生活手帖》，这种印象也丝毫没有产生变化。我就用大人的眼光来详细看看吧。照片栏目里，频繁使用的"图片拼接"首先吸引了我的注意。所谓的图片拼接，是通过组合多张照片来传达特定信息。这是报刊印刷的新手法，由名取洋之助在20世纪30年代第一次从德国带到日本，并掀起了很大的潮流。

从小就很喜欢摄影的花森，立刻被这一潮流所吸引。这是我在之前就讲述过的。从那时起，从松江高中的《校友会杂志》上的小实验开始（可是轻易便遭受了挫折），历经帝大新闻编辑部，直到在翼赞会痛苦地做宣传，他都对图片拼接的手法有着一以贯之的实践上的关心。这种常年的关心，在战后的这个时期，终于找到了合适的场所和对象。以前文提到过的杂志第25号为例，"宇都宫的商店""商贩"等照片报道都是这样。前者是《日本的民家》连载的第五回；后者是《一个日本人的生活》系列报道的第三回，用照片记录了从山形来东京做生意的农村女性的一天。

在同一期上，还刊登了一位拉着售货摊行走在东京下城区的"专修三轮车的大叔"，也是用图片拼接完成的报道（感觉像是同时代意大利的新写实主义电影）。

往前翻，是"身穿直线剪裁的三人"这组时装照。三位年轻的女模特（其实是编辑部成员）在春夏的街头愉快地阔步前进，穿着由浴衣改造而来的连衣裙，裙摆飒爽地翩翩摆动。这也是拼接图片（感觉像是好莱坞的都市女性电影）。

最初我以为这街头的风景是银座，后来小泽信男看了照片，他说："这是丸之内吧。上面写着仲7号馆，是东京会馆背后那一带。"

说到东京会馆，那里曾是大政翼赞会的所在地。花森也许想找一个当时没有遭受空袭，还勉强残留着大都市气氛的地点进行拍摄。他对那一带很熟悉，可能偶然想起了这个地方。

像这样，同一本杂志上并列刊登着形成对比的照片。花森并没有偏袒哪一方的意思——无论是"商贩"里的中年女性,"专修三轮车的大叔",还是在高楼林立的丸之内大街上的年轻女性,这里的每个人都是我在杂志上所说的日本人,是日本人"值得守护"的日常生活,今后在日本,我们要和这些人一起生活下去——花森将这些信息,非常流畅地传达了出来。这体现了他精湛的编辑技术。日本还从来没有过这样的杂志。

竖版之美

不仅图片页是享受,我浏览过的活字印刷的页面也同样如此。少年时代,我最喜欢的是户板康二的连载《歌舞伎文摘》。户板在大政翼赞会时期与花森仅一起工作过一次,那之后直到战争结束,两人几乎没有再见过面。然而,"迎来和平之后第四年的春天,当我沿着新桥旁的河边行走时,被(花森)叫住了。他说,最近打算出版杂志,问我愿不愿意从创刊号开始写关于歌舞伎解说的连载。我好像当时就跟着他去了编辑部。编辑部在并木大街西侧的楼里,我记得《苦

上：身穿直线剪裁的三人。
右：商贩。
左：梦的修理工。
(本页图片均来自《生活手帖》1954年第25号)

乐》也是在同一座建筑里创刊的"(《我的交游记》)。

这本"杂志"就是《美好生活手帖》。户板刚刚年满三十,在距离此处不远的日本演剧社(社长是久保田万太郎)担任《日本演剧》杂志的主编。可是当时他在写东西方面可以说还是一个新手,因此对于花森的提议"很开心地接受了"。《歌舞伎文摘》这一专栏从创刊号开始连载了三十回。

当时是 1948 年的春天。到了 1950 年,连载仍在继续,日本演剧社破产,花森再一次劝说户板,"写一本具有户板风格的歌舞伎导览书吧"。失业的户板因此在连载之外又写了《来自歌舞伎的邀请》的正篇和续篇。

书籍的纸张现在看来质感很差,但在当时已经是最高级的了。花森为我设计了和纸的封面,正篇用了黄色,续篇用了绿色。

关于题目,两个人想了很多以后,想到了韦伯的《邀舞》。

如果没有这本书的版税,我在失业后将无以为生。后来我还出版了《歌舞伎文摘》,刚开始是大开本,后来出了新的小开本（173mm×105mm）。《来自歌舞伎的邀请》不仅仅是一项十分愉快的工作，也支撑了我的生活。

站在花森的角度来看，彼此都是困苦的人，因此会对过去的工作伙伴竭尽全力地施以善意。可是，也许事情不仅是这样。想要提升我们"值得守护"的生活，光靠合理化衣食住还不够。为了不停留在"崇洋"上，花森认为，就像自己曾经在传统的和服里发现了新意一样，自己也需要户板这种能用新鲜的语言来描述歌舞伎这一传统戏剧形式的作者。

《歌舞伎文摘》每次连载都列举一部受欢迎的经典故事，例如"暂""忠臣藏""夏祭""劝进帐""四谷怪谈""三人吉三"。不像通常的专栏那样请"行家"来写文章给自己人看，而是摒弃那些专业的歌舞伎用语，用简明浅显的文章和干脆利落的介绍方式，让毫无相关知识的读者也能领略歌舞伎的魅力。

通过这些工作，户板康二作为一个新型的歌舞伎评论家，开始为一般读者所熟知。曾是麻布高中天才少年的表演艺术评论家矢野诚一在他的评传《户板康二的岁月》中，对户板跃入大众视野的方式之巧妙做过这样的评论：

"最难得的是他简洁平易的文体。歌舞伎里面包含了各式各样的常识和规定的形式，从某种程度上来说是束手束脚的戏剧形式，可是他写的文章读起来却灵活、自由、轻松，完全像是在描述话剧这种不受制约的戏剧形式。"

我比矢野小三岁，当时还是个普通的中学生，所以没有像他那样理解到那么深刻的程度。可是从结果来说，我也是看过连载里对歌舞伎中知名剧目的介绍之后，特别是"暂"和"劝进帐"，第一次发现了歌舞伎中蕴含的感官魅力，也因此在高中和大学时都频频前往歌舞伎剧场。

还有一点是我从前不曾特别留意到的，那就是这本杂志的活字排版之美。

现在来看就明白了，如果说《生活手帖》图片页的要点是"图片拼接"的话，文字页的中枢则是"竖版之美"。因为这是日本的杂志，可能有人会说这是理所当然，但其实并非如此。我也是后来才得知，我们国家的编辑和设计师有意识地去追求日文竖版印刷之美，其实是从昭和早期，也就是20世纪30年代才开始的。

日文的排版被称为"枡形[1]排版",最基本的做法是将契合正方形模板设计的明朝体汉字和假名横竖整齐地对齐排列,像相扑场或过去戏园子的枡席[2]那样,换句话说,像四百字的稿纸那样。

因此,"竖版之美"直接指的是"枡形排版之美"。最早有意识地追求这一美感的,是年轻的设计师原弘等人,他们发起了"新活版术"运动。我在这里简单地介绍一下。他们受到欧美"新活版印刷术"运动的冲击,进行了各种尝试,在与字母排版不同的汉字和假名混杂的枡形排版中进行实践。以此为契机,在日本出版和广告的工作现场,"活版"(即组合各种活字,使得印刷画面效果更好的技术)及"活版员"这些新词慢慢地固定了下来。

花森小时候,正值新活版运动的时期,同时代的独立杂志纷纷投身于前卫的排版实验中。恐怕他是在那时拥有了对活字的敏锐感觉,相隔一段时间之后,这感觉促成了《生

---

[1] 枡形,城堡街道的一种修建方式,通过曲折的道路,实现街区和城堡内部的遮蔽功能。(编辑注)
[2] 枡席,能容纳四人跪坐的四方形席,是日本传统席。(编辑注)

活手帖》的活字排版之美。当然,这是我的假设。也就是说,想要实现"日文排版之美",不能仅靠被动地接受当时市面上包括《文艺春秋》《周刊朝日》在内的各种杂志采用的传统的枡形排版,而是需要一些新的方法。《生活手帖》不是前卫的艺术杂志,而是面向着普通人的大众杂志。那么就在这里,做一些只有这种杂志才能做的尝试吧。

当时的花森大概就是这样想的吧。标志性的做法,就是他在写文章时尽量减少使用汉字,即使要用也会选择笔画数较少的。花森身为主编,对文章要求非常严格,1972年进入编辑部的唐泽平吉也曾写过,说自己经常受到批评。从他所写的《花森安治的编辑部》一书中,我引用几条当时花森批评人的话——

你们写的文章,蔬果店的老板娘能直接读吗?鱼铺的老板娘看得明白吗?要带着这种意识去写。

用了平假名也未必显得亲切。用平假名"ひじょう",到底想表示"非常"还是"无情"呢?这种模棱两可才是"反常"(ひじょうしき)。

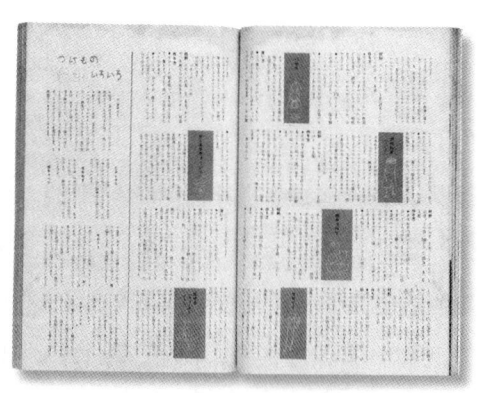

これは あなたの手帖です
いろいろのことが ここには書きつけてある
この中の どれか 一つ二つは
すぐ今日 あなたの暮しに役立ち
せめて どれか もう一つ二つは
すぐには役に立たないように見えても
やがて こころの底ふかく沈んで
いつか あなたの暮し方を変えてしまう
そんなふうな
これは あなたの暮しの手帖です

上：在排版中，竖排的标题美观又明显。图片为《生活手帖》1958年第45号。
下：从创刊号开始，一直刊登在封二的创刊词。

要写出亲切易懂的文章，关键在于像对话一样去写。尽量别用那些必须看一眼才能明白意思的词。

现在读来，会觉得这些要求没什么特别的。可在当时却绝非如此。当时和现在不一样——现在，在大多数人的认知中，把难懂的东西用温和、易懂的方式写出来是件好事。

尽管现代的日本人（作者、读者、编辑）理所当然地认同和接受枡形排版，可枡形排版原本是中国为了使用正方形的汉字而发明出来的，这一点很重要。

正因为源自中国，相比密度更小、更不平衡的假名文字，它更适合笔画更多、密度更大的汉字。多少受到这一点的影响，日本报刊上的文章在很早以前就形成了以汉字为主、假名为辅的习惯。各种直译过来的难懂的汉字泛滥。花森提出"尽量别用那些必须看一眼才能明白意思的词"，率先将这样的传统彻底颠覆，以假名文字为主，加以汉字辅助，主张写只用耳朵听就能明白的文章。

不仅如此，当时印刷的习惯无视汉字和假名文字的平衡，不加审视就拿去印刷，汉字的"浓"和假名的"淡"混在一起,版面变得乱七八糟。这不仅增加了读者理解的难度,版面也不美观。花森很不喜欢这一点。

可是他的意图,没能很好地传达给当时那些能够熟练印刷书籍、杂志、报纸的人,连年轻的编辑们也不例外。刚开始时,他们很难写出能够达到花森要求的文章。为此花森常常彻底地修改稿件,把整张稿纸都改得通红,再让他们按照修改重写,然后再修改。唐泽写到,经过这样的重复修改后,"每一篇都像是出自花森先生之手"。

"为何会相似?因为部员写的文章,无论内容多短,花森先生都会过眼,用红笔修改。因而每篇文章都统一成了花森安治的风格,是不争的事实。

但是,我并不认为仅仅是风格的统一让文章相似。花森先生为杂志文章赋予了统一的底色,从而确立了他与《生活手帖》的 identity(自我同一性)。"

就这样,经过日复一日的严格训练,竖排的活字印刷中杂乱的沉闷感消失了,僵硬的四方形空间里渐渐流动起明亮而轻快的风。直到今天我终于明白了,少年时代的我感受到的"明快印象",正是来自花森和《生活手帖》的"同一性"。

第四篇

1953年建成的"研究室",位于东麻布,二楼内部是带有厨房的工作室。

第十一章　商品测评和研究室

生活手帖研究室

时间上或许有些出入，在1953年杂志更改名称之前，花森通过熟人介绍，买下了港区麻布狸穴町（现在的东麻布）苏联大使馆旁边的土地，亲自设计建造了两层高的办公楼，在那里挂上了"生活手帖研究室"的牌子。起初这里只是工作室兼实验室，之后渐渐地增购了更多的土地并进行了扩建，把编辑部、总务和营业部等部门接连从银座搬到了东麻布。

可是请注意，牌子上写的是"研究室"，既不是"生活手帖社"也不是"生活手帖编辑室"。这不是一般的办公楼。

我们先借助大桥镇子和唐泽平吉等人的记述,来介绍一下大致的情况。

因为后来的扩建,有一部分建筑物变为三层,建筑物的总面积是八百二十平方米,共有大小不一的二十二个房间。一楼除了总务和销售部之外,还有洗衣室、工作室、化学实验室、仓库等。其中面积最大的是贴着花地砖的洗衣室,在这里曾经做过洗衣机和热水器等与水有关的商品测评。

二楼有一间宽敞的厨房,与之相邻的是二十叠左右(三十二平方米左右)的主工作室(通称第一工作室),有用来冲洗胶片的暗室,还有缝纫室等。花森和大桥等人的办公室也在这一层,"我的房间几乎变成了仓库"(大桥《〈生活手帖〉与我》)。而扩建的新楼二楼是"第三工作室",一楼是测评室,三楼有音乐视听室。

当时"第一工作室"里因为编辑工作需要摆放了书桌和椅子,等于是编辑室。可根据唐泽的说法,比起这间编辑室,大家在其他房间里工作的时间更长,因此这里虽然是编辑室,存在感却显得弱了些。

遗憾的是我没有亲眼见过这座建筑。当我想看看时,它早已被毁坏了。尽管如此，仅仅这样大致地描述一下房间的布局，就已经清清楚楚地勾勒出花森当时怀抱的构想的轮廓。

"测评"这个词出现了。这里指的是"商品测评"的测评，看得出来他为此准备了好几个房间和装置。而宽敞的厨房则是为特别的烹饪栏目准备的。

我在上一章中介绍过，在这一时期，《生活手帖》除了外观上发生了变化之外，还有一点变化，那就是脱离了女性杂志的范畴，进而向生活综合类杂志转变。其中能够代表后者的内容就是商品测评和烹饪栏目。为了做好这些招牌内容，能长期进行测试的各种设备，以及能使用设备、有毅力的工作人员，就变得十分有必要。这两个条件必须得到满足，花森当时一定也想到了这一点。

说实话，我曾一度认为"生活手帖研究室"这个名字有点装腔作势。换句话说，我不认为这个地方重要到了《生活手帖》杂志没有它就不能成立的程度。

花森作为编辑，是能够代表现代日本的标志性人物。因此，想要评价他的话，只要集齐过去的《生活手帖》就可以了。位于狸穴的研究室不过是办公楼兼制作场所。总之，杂志才是荣耀的舞台，研究室不过是一个为其提供支持的后台罢了。

可是，就像我之后会详细说到的，与其说这是因为杂志才成立的研究室，倒不如说是因为有了研究室才会有《生活手帖》杂志。应该像这样调转过来想才是对的。

这样就可以理解，战败后的第二年他们在银座八丁目成立的公司，名称并不是"衣裳出版社"，而是"衣裳研究所"。总之，他们本来的目的与其说是出版杂志，不如说是研究。应该对日本人生活中的哪些部分加以改变，对哪些部分进行保留呢？用一种极端的说法，杂志只是一个道具，用来持续、高效地发表研究成果——不管这听起来是多么不可思议，战后的花森恐怕一直保持着这样的想法。

这样一来，就有了一个令人倍感兴趣的存在，那就是20世纪消费者运动的先驱——始于美国的消费者协会。

消费者协会虽然与研究室在规模上有所不同，但有两个重要的组成部分与后者相似。其一是"美国国家测试与研究中心"这一规模巨大的研究机构,另一个是将商品测评的结果传达给消费者的月刊《消费者报告》。在花森工作的地方,一直摆着这本像小册子一样简陋的杂志。由此可以推测,花森在战后不久便发现了这本杂志且深受启发,并第一次产生了这样的想法——"我们也向他们学习,用研究所和杂志这两种形式来个同场上映吧"。

就像大家所熟知的,《生活手帖》上从不刊登任何广告,也坚持拒绝企业所提供的用来测试的样品或商品。

可是,不是只有生活手帖社能够下决心做出这样的决断。美国消费者协会在商品测评刚刚起步时也制定了同样的规矩。我在这里不打算称花森为模仿。虽然我不会用这个说法,但花森显然对消费者协会非常关注,我认为这一点是没有什么疑问的。

另外,花森对美国消费者协会活动的态度——等等,这一点我会在后文详细介绍,他对日本的消费者运动也一向持批评的态度。

但他批评的对象是消费者运动在现实中所产生的矛盾,而不是运动的模式——不借助国家、大企业或大学的力量,由个人或民间小型团队设立独立的研究机构,将测试和研究成果通过不受广告之锁链捆绑的、自由的杂志传达给读者。花森在日本战后的废墟中撒下了从《消费者报告》里得到的种子,收获了犹如鲜花盛放般的成功,这成功连这一模式的创造者都未曾想到。我对这一成功,确切地说,是对成功背后花森那具有独创性的方法,怀有浓厚的兴趣。

商品测评的确立

我们先来说说商品测评(最初是日用品测评)。

《生活手帖》早期偶尔会刊登这种测试类的文章,可是没有从最开始就完善地规定做法。例如杂志第22号(1953年)和26号(1954年)上刊登的两个报告,相隔整整一年,它们之间体现出的质的不同,便如实地反映了这一情况。

① 《暖炉测评:想让房间变得温暖,哪种方法最便宜又最方便?》(第22号)

② 《日用品测评报告·第一回·袜子》(第26号)

1950年开始的朝鲜战争对物资需求大增,受此影响,日本社会朝着经济快速增长大步前进。其结果就是各种新商品充斥街头。因此,杂志在"如何废物利用"等文章的基础上,开始尝试类似"如何明智地选择商品"等类型的文章。

其中具有代表性的就是①的暖炉测评。

火盆曾经是唯一的取暖工具,随着社会的发展,取暖工具也变得多样化,逐渐有了精煤炉、炭炉、煤油炉、煤气炉、电炉等。

从使用者的角度出发,对它们的性能和好用与否进行具体的检验,这一点和后来的"商品测评"是一致的。只是,在这个阶段,测评的水平还停留在去三越和高岛屋等百货公司询问,或是请用户谈使用体验上,没有确立亲自使用并长期进行实地测试的方法。稿件中文字的内容多于图片,欠缺冲击力和说服力。哦,这样下去可不行,不要说花森,恐怕编辑部里无论是谁都有这样的感觉。

时间到了一年后。我们来看看②的袜子。我引用酒井宽《花森安治的工作》中的一段:

"最初的袜子测试,一共买来了约二十二种儿童毛尼龙袜子和比尼龙更结实的棉纱袜子,花费三个月的时间,让小学五年级,以及中学一、三年级的女生每天穿着,对洗涤的方法和次数也做了规定,来进行试验。然后做了诸如'不易破洞''全都有些褪色'的报告。"

这就对了。

花森等人成立"生活手帖研究室"的时间与①一样,是在1953年。②则是在一年之后。在那短短的一年里,②与①的不同之处在于,"商品测评"的基本规则已经建立起来。规则之一就是在测试中不使用企业提供的产品,而是使用编辑部成员们自己购买的产品。比如唐泽平吉曾经写过空调测试的例子:

"不管什么产品,都不会只测试一台,最少两台,费用由社里承担。一台购于商场,另一台购于电器店。""购买两台,是因为商品之间存在偏差。……而如果碰到两台之间偏差过大,那该以哪一台的性能为准不好说,于是再买一台确认。"(《花森安治的编辑部》)

同样的商品会购买好几件(甚至购买过十八个蒸汽电熨斗),是为了不屈从来自制造商的不满——因为测试中使用的商品恰巧有缺陷而导致不良的测试结果。基于同样的理由，他们还曾经请厂商派出自己公司里最好的技术人员，把产品的安装全权委托给他们。

只要事关"商品测评"，花森安治都是慎之又慎。为什么他会如此慎重呢？我们再来看看酒井宽的证言：

"花森曾经说过，如果商品测评失败的话，生活手帖社就要倒闭了。他说，因为这是在用好或不好来评判别人豁出性命制造出来的东西，所以商品测评也应该拼上性命。他在商品测评中贯彻了自身的完美主义，曾对发生错误的负责人怒吼：'你这种家伙，应该被开除！'"

只要有一次失败，一切都将成为泡影。如果要将这件"拼上性命"的工作继续下去，就必须大幅提升测试水准。这么一来，像"生活手帖研究室"这样的专用场所就变得不可或缺。花森是认认真真思考过的。

这一切当然不是免费的。土地和建筑物，以及测试所用的各种设备，再加上每次的测试费用，都需要巨大的资金支持。他们是如何筹到这么大一笔资金的呢？

首先能想到的是杂志的广告收入。花森自己曾在1955年第31号的专栏《编辑的手帖》里写过，按照某广告代理公司的算法，一期杂志能得到两百万乃至三百万日元左右的广告收入。可他们却不得不放弃这条路线。这本杂志上不会刊登广告，这是最初就决定好的。为什么选择坚决不刊登广告呢？

因为一旦刊登广告，就会受到来自广告方的压力，这绝对是一个令人困扰的因素。

《生活手帖》有着自身所坚持的主张或者说志向，绝对无法容忍这一主张因外力而扭曲。特别是"商品测评"，假如测评的结果因为外界的压力而扭曲，那么好不容易才完成的测评也就失去了意义。

"商品测评"绝不能受到任何牵制。

花森对这一点深信不疑，自然不可能依靠企业、政府部门的支援，更不可能接受他们的资金。这么一来，只能全部依靠杂志的销售收入了。1953年研究室落成时，杂志的发行量已经达到了十二万册，大约相当于同一时期《文艺春秋》杂志销量的四分之一。过刊的累计销售也不可小觑。根据酒井宽的调查，杂志的创刊号初版印刷一万册，"后来重版了十三四次，卖出了三十六万册"。

无论如何，这是一场孤注一掷的胜负较量，而花森安治挺过了这场比赛。

继袜子之后，第二回的内容是火柴，第三回则是铅笔。随着测试环境的完善，以及工作人员工作量的增加和熟练度的提升，测试工作也变得更为细致。在铅笔的测试中，为了进行比较，除了国产的十二个品牌外，还加入了德国制造的辉柏嘉，目的是从测评中得出"毋庸置疑的 A 级品质"，通过一目了然的结果来引发关注。也正因为如此，商品测评建立起了刚强果断的风格——可以毫不客气地公布"这个产品不行，这个产品过关"的判定结果——这也可以算是《商品测评》栏目最为优秀的品质。

花费"体力和时间"

就这样，依靠"生活手帖研究室"这个新设置，商品测评得以实现，并且不久就成长为可算作杂志招牌栏目的大型连载。

《生活手帖》有一个独特的惯例：以一百号作为一个世纪而告一段落，下一个世纪再从第一号开始计算期数。仅从第一世纪（从1954年发行的第26号到1969年发行的第100号为止，共七十五号）来看，杂志上已经刊登了大量的测试报告，从袜子、火柴、铅笔开始，到酱油、熨斗、吐司机、安全剃须刀、自行车、电灯泡、油漆、缝纫机、运动鞋、灭火器、胶棒、松饼粉、钢笔、可水洗西装外套、带有甩干机的洗衣机、电饭煲、纸巾、宅急送、冷面汁、万步计、带自动对焦功能的照相机，等等，大约有二百五十种产品，稿件累计起来超过三百篇（对很多商品进行了多次测评）。

当然，也有一些没有测评到的东西，比如美国的《消费者报告》中作为主力产品的汽车和休闲娱乐用品等。并不是他们有意识地拒绝这类产品，而是"用于测试的体力和时间有限，我们仅仅是测评那些日用品就已经忙得不可开交，无论如何都无法兼顾那些日常生活中可有可无的商品了"——1969年，花森在《生活手帖》第100号上发表的《商品测评入门》一文中这样说。

他之所以会强调"用于测试的体力",是因为在他们的测试方法当中,体力是必不可少的。比如插座的测试,当插头的尖端插进插座的时候,JIS(日本工业标准)的检查所使用的方法是"将插头固定到机器上,机器用一定的速度前后移动,在插座上进行插拔,重复五千次左右,如果和刚开始试验时没什么差别则判定为合格"。

可是人与机器不同,不同的人有着不同的使用习惯,"有将插头斜着朝右上方拔出的人,有的人与其相反,还有习惯拉住电线拔出的人",等等。因此,花森十分自豪地向世人展示——他们的研究室,与依赖技术人员或专业测试员(负责测试的人)的JIS,以及那些和企业有关的消费者团体不同,他们的试验方法是"请真人插拔五千次",并且测试员也不是同一个人。人数众多的测试员按照各自不同的使用习惯,用和普通家庭一样的方式来使用新产品。

> 假如请十位这样的人进行试验,那么同一个人就要在每种插座上插拔五百次。

> 也就是说,同一个插座将被十个人中的每人插拔五百

次,在各种无意识的习惯下操作相同的次数,一共经历五千次插拔。

(《商品测评入门》)

说起来好像很简单,实际操作起来却很不容易。1957年,三位新人通过第一次公开招聘加入了编辑部,河津一哉便是其中之一。他给我看了2012年岛根县立美术馆主办的"生活与设计"展上,他为美术馆演讲所写的演讲稿。接下来的内容就引用自这一演讲稿——

"因为是入职(入社)后不久的事情,所以我记得很清楚。我手里拿着插头,面对固定在板子上的插座,日复一日地插进去拔出来,再插进去再拔出来,每十次就在纸上做一个记录,如此循环往复。不是(JIS那样)使用自动装置去咔嚓咔嚓地插入拔出。怎么说呢,感觉像在浪费劳动力。可是果然,还是发生了只有实际操作过才会明白的事。因为这是实际发生的,所以无论面对什么样的抗议或申诉,我们最终都能把这个结论坚持到底。"

我再举一个例子吧。比如电灯泡的测试,JIS使用一百二十伏的电压测试一周左右之后公布结果。可是日常使用的电压是一百伏，所以这个结果没有任何意义。在花森等人的研究室里，始终使用与一般家庭相同的一百伏电压进行测试。这么一来就会发现，电灯泡当中寿命最短的仅有两个月，长的则达到了一年。

"在测试期间一直倾注同样的热情和注意力，这不是任何人都能做到的事。"（《商品测评入门》）

这正是花森所说的"体力和时间有限"。因此测试工作的中心虽然是专职社员，但除此之外的其他人也经常与商品测评产生关系。

研究室玄关的墙上贴着白色的纸，无论是专职社员还是访客，凡是进到里面的人，在换上拖鞋时都要在纸上进行记录，为的是正在进行的拖鞋测试。

地毯也是一样。台阶上铺着好几种地毯，所有人都被要求做同样的记录。测试不仅是在封闭的研究室里，走廊、台阶乃至整座建筑物都是"研究室"，无论是前来采访的报社记者还是印刷公司的销售人员，所有人都不容分说地担任起测试员的角色。

只是，报告测试结果的稿件并不是由编辑部成员来写，而是由花森亲自完成。因为这需要事先认真设想读者、厂商以及记者们的反应，为了能同时实现杂志的愿景和销量，需要投入大量的精力，具备极高的写作技巧。这种工作方式持续了十几年，直到 1969 年，在第 100 号发行的两个月前，花森突发了第一次心肌梗死。在那之后，他才将工作方式改成了修改编辑部成员写的报告。

测试员的职责

我这样一写各位就明白了，不是具备了研究设施就能做到花森式的商品测评，测试员的工作方式，以及他们完成的质和量，也都相当重要。

生活手帖社原本是大桥镇子一家人经营的出版社，花森作为帮手加入，才得以成立，因此一直以来都有靠熟人介绍招聘编辑和社员的习惯。举例来说，小堀杏奴（森鸥外的次女，随笔家）从《妇人生活》创刊以来就经常为杂志撰稿，花森在她的拜托下，自掏腰包雇用了她生活困难的姐姐。那个人就是森茉莉,她本人在后来写到过这件事。

等到出版社终于下定决心公开招聘,已经是1957年的事了。当时作为"第一批公开招聘"的社员入职的有林澄子(旧姓藤井,于十年后骤逝)、河津一哉、宫岸毅(第二任主编,2012年6月去世,享年七十八岁)三人。其中之一,也就是前文提到过的河津,曾经对我说过一段很有意思的话:"从时间来看,当时招聘的是测试人员。"

这里应该是指,从1954年底正式开始的商品测评工作日渐忙碌,与其说需要编辑,不如说急需现场测试员。

不,事情并不仅仅如此。

花森在这一时期开始思考,如果想做出与当时日本杂志不同的新类型杂志,就要舍弃一直以来家庭作坊式的做法,必须组建更为严谨的团队。他曾在前文提到的《商品测评入门》一文中说到,"测试员从各种意义上都必须成为(国家或企业之间的)纽带",也再三提到测试员背负的责任之重大:

> 从这个意义上来说,当今时代也许没有什么人能比参与"商品测评"的人面临更为严格的要求。很多测试员

都竭力避免参加朋友或前辈的聚会。因为在那种场合，有和他人结交关系的风险。

"商品测评"，自然是对商品进行批评，而对商品进行判断的基础，是必须对生活进行深入的观察，对时代的变化进行广泛的思考。从某种意义上来说，"商品测评"在对产品进行批评的同时，也必须同时进行社会批评和文明批评。从这一点来说，测试员为了做到这些，必然要付出极大的努力。

所以，测试工作不是请编辑利用空余时间来完成的工作，而是要请优秀的测试员兼任有能力的编辑。而且不止一个人，是需要由这样的人组成的训练有素的团队。"我们应该是作为测试专员被召集起来的"，河津这番话也体现了花森安治的构想。不仅是河津，1969年入社、曾经为《商品测评入门》执笔的北村正之也是一样。在入社考试时，花森曾对他说，"你们与其说是编辑，不如说是参加体育运动时的伙伴"。

在前文引用的文章里还有这样的记述——为了避开和

他人结交关系的风险,有"很多"测试员选择不出席"朋友或前辈的聚会"。

这个记述并不完全正确。像这样的测试员不是"很多",而是在花森严格的教育下"出现了很多"。北村也曾提到,"生活手帖社加入出版行业的健康保险,是在花森去世之后,就是前不久的事。花森曾经认为,加入这样的组织,和其他出版社有接触的话可就麻烦了。这是最大的理由"。

基于同样的理由,花森也禁止社员去印刷厂进行校对,他自己也是,而且极少接受其他媒体的采访。他十分担心商品测评的内容被提前曝光,已经担心到了这种程度。好不容易才完成的策划,一定不能被其他出版社抄袭。他害怕会影响读者对测评公正性的信赖。

可是这种警戒心理也有过头的一面。在我的记忆中,与杂志那明快的内页形成鲜明对比的,是杂志在社会中的姿态,其中总是伴随着固执——不知该说是孤高,还是应该大胆地称其为秘密主义。

如此富有魅力的杂志究竟是怎样制作完成的呢?

尽管我很想知道具体的制作方法,可是却找不到任何有参考价值的信息。这种情况直到花森去世也没有改变。不仅是我，很多与我同时代的记者和编辑，都曾不可思议地感叹过这一点：为什么《生活手帖》如此地封闭呢？

可是啊，就像他的女装也是一个典型的例子一样，把事情做过头才是他的常态。一旦做出这样的决定，他就会做到底，绝对不会在意别人的眼光。花森安治本来就是这样一个人。

并且，他也用不妥协的态度，不停地强行要求年轻的编辑（测试员）。当话题进行得不顺利时，不管在哪儿，他都会大声怒斥对方。无论是《商品测评入门》还是其他文章，他所说的内容都很有条理，文章也明白易懂。可是在其根本之处，潜藏着作为一个人的疯狂（可以这样说吧）——从战争时期到战后，在这一价值观大变动的时期，与国家、政党、企业、大学、团体甚至是媒体等一切组织都切断联系，独自一人负起责任，靠着自己的判断去生活。从这一角度来说，花森完全不是那种能够在安定的时代下发挥能力的编辑。

《生活手帖》的编辑会议每两个月召开一次，每次开两天。不仅是编辑部成员要参加这个会议，包括销售、出纳、厨师和司机在内，所有人都必须参加。参加者需要在会议的前一天提出三个选题，这一点，唐泽平吉在《花森安治的编辑部》一书中写到过，他的入社时间比河津一哉、北村正之等人要晚。"大家一起探讨，但基本都由花森先生当场决定，很少出现大家交换意见讨论的场面。说到底，这是一次将自己的选题交由师父评价，学习师父裁定的标准、根据，以及思考方式的机会，而非侃侃而谈、针锋相对的辩论会。编辑会议只'会'不'议'，师父一言九鼎。"

从这一层意义上来说，"生活手帖研究室"既是研究室，也接近师父和前辈们单方面磨炼弟子的工坊或私塾。花森肯定也在这里大声怒斥过众人。而且这怒斥只要发出来了，哪怕到了晚上也不会结束。

在这样的师父身边工作，能高兴吗？

合拍的人应该会感到高兴，不合拍的人想必相当痛苦吧。很遗憾，我属于后者。我虽然十分钦佩这种完美主义，可无论如何也无法与其长期共事。不光是我，当时很多编辑和立志做编辑的人这样认为，现在就更不用说了。

有人认为，将身为主编的花森安治作为父权的独裁者进行批判还是太温和了。直到现在,这种批判仍不绝于耳。但是我也不属于这一派。的确,我无法与他那样的人共事。可是,世界上也有令我这种软弱的人退缩、不坚持到底就无法完成的目标,以及伦理原则,乃至关于杂志的梦想。我无法将这些也一并否定。受到怒吼的一方想必疲惫不堪。可是,发出怒吼的那一方,恐怕早已精疲力尽。

全社成员参加的编辑会议。摄于银座的本社,1968年。

第十二章　进击的编辑术

煤油炉和"泼水之争"

在《商品测评》漫长的历史中,能不能举一个反响很大的例子?

如果被问到这个问题,和其他的很多读者一样,我也会毫不犹豫地将 1960 年发行的第 57 号中的"煤油炉"作为回答。

花森当时接受了常年居住在英国的登山家兼作家、经常为杂志撰稿的浦松佐美太郎的建议,匆忙在用于测试的六种国产煤油炉中,加入了英国阿拉丁(Aladdin)公司生产的"蓝色火焰"(Blue Flame)作为参考商品。

以下内容，大部分是酒井宽采访编辑部成员后写的。据说为了再现严冬的环境，他们借用了位于筑地的一家冷藏公司的仓库，在那里搭起了临时的小房间，编辑部成员们身穿防寒服一起工作。其结果是，"室内温度上升到一定数值所花费的时间，届时煤油的消耗量，是否有异味，是否方便打扫，搬运时的方便与不便之处"——"蓝色火焰"在各方面的表现都远远超过了国产制品，以绝对优势位居榜首。但是，测评到了这里仍没有结束。花森提出，"假如燃烧中的煤油炉倒下，会发生什么呢？我们来试试吧"。

　　"谁都没有弄倒煤油炉的经验。大家因此十分担心，把煤油炉运到了研究室的车库里，拉下了车库的卷帘门，撞倒了第一台。二十秒后，四十秒后，一分钟后，本来是准备观察这一过程的，可是火在中途就烧到了天花板那么高，只能拼命用事先准备好的沙子去盖。""（可是）只有'蓝色火焰'，即便倒了，火也没有烧到煤油炉外面。一分钟之后把它扶起来，像什么也没有发生过一样，火继续燃烧着。"（《花森安治的工作》）

　　当时我还是个大学生，这一篇报道给我留下了深刻的

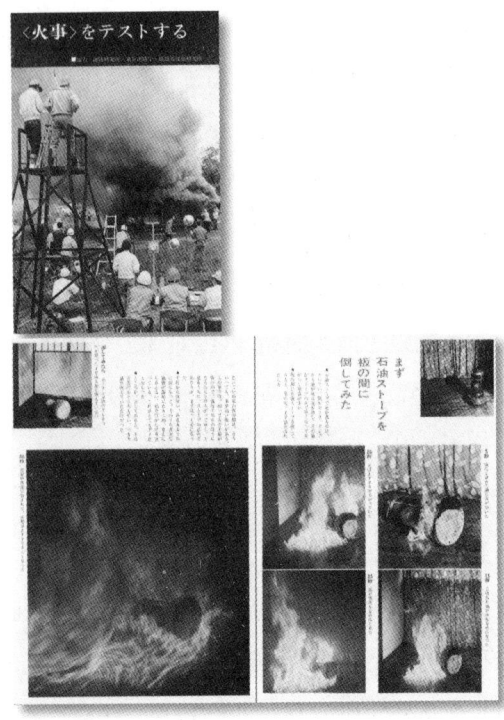

在人气策划煤油炉第一次测评后的第六年,花森竟测试了"火灾"。1966年2月,花森家因为火灾而被烧毁。这一预设各种火灾起因,将一栋房子完全烧毁的大规模实验极具冲击力。(图片来自《生活手帖》1966年12月第87号)

印象，至今仍无法忘记，包括英国那踏实可靠的制造能力，以及只会用浮夸的宣传来促进销售的日本国产制品那令人遗憾的状况。用肉眼可见的形式证明这一状况，并直截了当地说明结果——"国产的六种制品当中，不存在值得推荐的商品"——花森的这一行为也曾令我感到惊讶，哎呀，这真是很有胆量的做法。

当时《生活手帖》的发行量超过了七十万册。也因为这样的力量，"蓝色火焰"忽然开始大卖。虽然其定价比国产制品要贵上不止两倍，位于日本桥的三越百货公司总店仍然因来不及进货而不得不采取预约销售。在那之后，花森对测评也毫不松懈，按照酒井书中的记述，八年后的1968年，在第二次的正式测评中，日立、三菱、夏普等公司的产品终于达到了能够与"蓝色火焰"比肩的水平。

我再介绍一个例子，是同样发生在1968年的"泼水之争"，虽然不是测评，但同样是《生活手帖》上与煤油炉安全性有关的文章引发的事件。关于这一争论的来龙去脉，曾参与其中的河津一哉在《生活手帖保存版3·花森安治》中详细写过。

根据他的记录,争论的开端,是1968年2月发行的杂志上刊登了《如果煤油炉起火》这篇以图片为主的文章,并在电车广告里大大地印上了"煤油炉起火可用水桶取水扑灭"这一具有挑战性的文案。

各个报社对此迅速反应,以"令人意外的新实验"为题进行了大幅报道。一周后,东京消防厅忍无可忍,在《朝日新闻》上发表意见称,一直以来都指导民众"起火后先用毛毯覆盖","杂志所做的不过是实验室里的诡辩",从正面进行反驳。可是,反复进行的实验和调查证明,直接泼水就能扑灭煤油起火,花森始终对此坚信不疑。

从出现明火到消防队开始放水,期间需要十分钟到十一分钟。十分钟已足够将一栋长宽十五六米的木造房子烧光了。消防队到达后的第一原则,不是处理火源,而是保证火势不扩散到周边。因此起火的时候,我们只能自己去扑灭。

现在的消防当局也许会研究出动后该如何灭火,却完全没有针对家庭消防做过任何研究。他们连我们所做的这些测评工作也没有做过，仅仅是在卖弄一些不经之谈而已。他们应该做的，难道不是老老实实地反省，同时进行早期灭火的科学研究，并将结果向家庭进行充分宣传吗？

（花森在接受采访时所做的说明，《泼水之争》）

河津认为，他的这一主张并非仅仅是"从理论角度出发得出的结论"。实际上在两年前，即1966年2月的一个夜里，花森位于大田区鹈之木的家，当时新建的木造砂浆两层楼，就是因接待间起火而烧毁殆尽。

花森当时还没有回家，独自在家的花森夫人带出来的只有存折和租借保险柜的钥匙。《周刊新潮》曾写道："花森珍藏的四千张唱片、三千册书籍、钢琴、音响，等等，全都付之一炬。而且，那些'价值无法用金钱换算'的记录文献、录音带等，也就是所谓的'花森的文化财产'，也全部化为乌有。"

这篇名为《花森安治宅邸无力抵抗火灾》的文章还写到，当时，家里应有五台煤油炉，不知怎地只有阿拉丁公司制造的"蓝色火焰"不见踪影,"不知是谁,在什么时候把它带出去了,事情因此染上了几分神秘色彩"。仅仅因为事情发生时一系列煤油炉测评正在进行当中,其他的媒体上也露骨地出现了一些小道消息式的报道,说他把造成火灾的"蓝色火焰"故意藏起来了。花森想必是记住了这些。河津接下来这样说道:"(花森)在事后对于那些失去的东西没有表现出任何惋惜,可是现在回忆起来,当他谈到针对生活中突如其来的火灾而应做的准备时,你在字里行间能体会到他亲身经历后彻骨的悔意和执念。"

包括这些市井流言在内,《生活手帖》与东京消防厅之间的"泼水之争"在社会上引起了很大的反响,各个自治体的消防机关和普通市民关于哪一方才是正确的问询,涌向了总管全国消防的自治省消防厅。束手无策的消防厅,宣布将于1968年2月21日、22日,在辖区内三鹰市的自治省消防研究所进行公开实验,并发布结论。在为期两天的实验结束后,29日,终于有了最终的结果。虽然言辞暧昧,可是"泼水派"在事实上获得了胜利。也因为这一结果,"煤油炉起火时可用水灭火"这一新的常识终于开始在日本社会扎根。

花森安治的编辑调度能力

杂志在这一时期,仍然是在编辑会议上决定商品和主题,而测评的步骤则是负责测评的团队在收到花森的指示后自行思考。"我们也会参考 JIS 的做法,但肯定不会照搬",北村正之这样回忆道。

也正因为如此,业界对他们的测评手法表示了强烈的反对,"外行人懂什么"——这种国内厂商强硬的回应接连不断地出现。

即便如此,花森也没有改变自己的做法。他会毫不留情地指出,在产品中没能找到本应存在的维生素 C 成分,导致 POKKA Lemon 公司的命运急转直下;而在用于地毯的吸尘器测评中,因为"说到这类产品,有一个型号值得推荐",而推荐了 HOKY,使得生产厂商在即将破产的关头渡过难关,等等。各种评价常常成为媒体追逐的热点。(长部日出雄《为愤怒点火的人·花森安治》)

我在上一章里提到过,花森最初想到商品测评这一策划时,他的脑海中出现的不光是作为范本的《消费者报告》,

还有对一般的消费者运动,特别是对日本现状的不满。

他的不满具体来说主要有以下三点。

第一点,是消费者运动中常见的"裙带关系"。"消费者协会的运营,依靠的是通产省的预算,以及厂商、经济界的会费或捐款。例如兵库县或东京都的消费者服务中心,会接受政府的补助金和地方自治体的预算。"(《商品测评入门》,下同)

第二点,是敷衍了事的商品测评。他们并没有在产品的实际使用环境中花费几个月甚至数年时间测试,而是采用与JIS乃至厂商一样的方法,并非经由人手,而是借助机器的力量无差别地一气完成。这么一来,测评没有任何实际意义。

而第三点不满,就是只强调对消费者的教育,从来没有认真思考过如何才能改变企业的姿态这一课题。既然用到了"教育"一词,就说明消费者的意识不是那么轻易就能改变的。如果真心想要提升商品的品质,哪怕是用包括挑衅在内的任何手段,首先应该改变厂商的意识,对他们追究到底,直到他们改掉轻视消费者的毛病为止。

实际上，在处于经济高速增长期的日本，花森将自己的商品测评强硬地朝这一方向推进。不光是批判，有时也允许厂商派遣人员参与他们内部的学习会。那时，花森便会把积累的数据毫无保留地提供给对方。当时的厂商身上还有着质朴而耿直认真的一面，花森自己在后来也表达过这样的意思。

就像我在前文中提到过的，这一举动的成果早早地成了亲眼可见的现实，比如在第一次煤油炉测评的两年后，《生活手帖》1962年冬季刊上刊登的第二次测评。这一期的编辑后记有这样一句话："最近没有能比这更令人高兴的事了。"

"测评的结果，就如诸位所见。我们自己的产品虽然还无法与外国制品比肩，但不管怎样，和两年前相比算是有了显著的进步。……我们的工作历经了许多艰辛，可是这些微小的工作并不是无用功。……我为此感到高兴。"

我很理解他们的心情。联想到最初的测评之后，来自厂商的"集中的责难、谩骂、中伤等攻击"（《花森安治的工作》），他们想必感慨更深。

但讽刺的是，日用品测评成功的另一面，是逐渐瓦解了《生活手帖》到那时构筑的轨迹。经济高速增长，物质水平不断地向前飞越,步步推进,不久,日本就一头扎进了用后即弃的过度消费社会,他们所做的"不是无用功"的工作也为之做出了些许贡献。这样一来,过去那些使得"节约"或"窍门"闪闪发亮的光源——建立在物资匮乏之上的创造性,同时也是支撑《生活手帖》的战后精神——瞬间化为无用之物。取而代之的,是由花森的老友岩堀喜之助和清水达夫率领,由平凡舍变更而来的 Magazine House 旗下的新女性生活杂志 *Croissant*。

要针对这一时期的内容展开叙述还为时过早,我们稍后再说。

从已有的记述中可以看出,花森安治作为编辑,是一个有着极强调度能力的人,可谓天才。

以商品测评为例,花森会产生这一想法,是因为在战后不久邂逅了《消费者报告》。可是花森并不是一个顺从的人,不会照搬范本的内容。换言之,他是带着批判的眼光去学习。证据就是,《消费者报告》以数据为核心,更偏向简朴的风格;《生活手帖》则与其不同,它试图将测评的全过程完美地展示出来,从检测的准备工作开始,到实施、结果和反响,从而给读者（包括企业和政府机关在内）留下深刻的印象。因此，哪怕只是快速地浏览一下也能得到充分的享受。

例如婴儿车的测评文章里，有一张既美观又诙谐的照片。照片拍摄的是七位女性戴着宽宽的白色帽子排成一列，推着各种样式的婴儿车的景象，拍摄于满是碎石、颇陡峭的坡道上。据了解当时情形的编辑说，照片的拍摄者是花森本人，照片中的女性则来自编辑部，也有人说是请来了附近协力会的人。总之，这张照片不是测评活动的记录，而是为了能刊登在杂志上而特意组织拍摄的"虚构"情景。

这种行为当然不能说是虚构。人毕竟不是处理信息的机器，自然会出错，花森选择的方式，是准备多名测试员，再将他们带有主观性的（分散的）行为或评价综合到一起。因此，他在测评上不惜花费大量时间，并且不把测评局限在与外界隔离的实验室里，而是把产品拿到日常生活中，或是在模拟的日常生活环境中使用，再用文字和图片来表现测评的过程。特别是用照片——

并列成排的插座前，年轻的男人们反复地插拔着插头。

缝纫机的测评中，一万米缝好的布料堆成了小山。还有自动烤吐司机的测评中,烤了四万三千零八十八片面包。

大批男女正用电熨斗熨烫起了皱褶的布。旁边摆放着节拍器,目的是细致地调节熨烫的速度。

真的能把事情做到这种程度啊!我对身为测试员的诸位先生女士的认真程度只能报以感叹,真是一种令人难以置信的毅力。与此同时,这种大大超出常识范围的认真和毅力甚至到了滑稽的程度,以至于人们看到将那情景忠实记录下来的(非虚构)照片时,便会不由自主地笑出来。就这样,他们越是认真去做,那认真的模样反映到杂志上,就会直接成为一种"作秀"。针对这一点,1956年出生的斋藤美奈子曾经表达过以下观点:

> 用售价每支一百二十日元还是一百五十日元的、能在布上写字的马克笔,在棉布和化纤布上写字,各洗二十次,来测试字迹的掉落情况。……虽然深感佩服,可是由于测试物的不同,有时也会忘记了测评本来的目的,看起来像是笨拙的小学生的暑假作业。
>
> (《女性杂志探险队》)

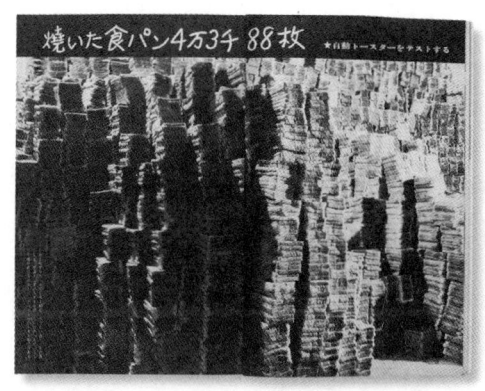

上：自动烤吐司机的测评，标题十分精彩。为了能排列出来进行展示，烤过的吐司塞满了好几台冰箱。(图片来自《生活手帖》1969年第99号)
下：1960年第56号上的婴儿车测评。实际上推车走过一百公里进行了实验。大家穿着雅致的服装，视觉效果也很出色。

我是受花森的影响成长起来的一代，所以对这一看法并不完全同意。我有一点能理解孙辈的斋藤通过远距离的观察写下这些话的心情，但我并不完全同意。恐怕花森作为主编，是充分设计过这些实验中的滑稽效果的。如果不是这样的话，单纯记录过程的照片恐怕无法产生如此有趣而令人印象深刻的效果。

所谓的调度能力，指的就是能够积极策划这些方面的能力。

他们做的是新类型的大众杂志，光是像《消费者报告》那样把数据冷冰冰地扔出去是不够的。除此之外，从检测的准备工作到实施、得出结果、收获反响为止，通过展示，让读者对测评的全过程产生良好印象是很有必要的。所谓的"show up"，即娱乐化，从极端一点的角度来说，"搞笑化"也包括在内。总之，我认为这是他的设计，包括他的女装和异装等行为在内，花森身上本来就带有无须刻意思考便会自然流露的滑稽的个性倾向。

杂志上的料理秀

在发挥超出常人的调度能力这一点上,《生活手帖》的另一个招牌料理栏目也不例外。

本来从《美好生活手帖》时代开始,杂志上就有很多介绍家庭料理做法的文章。《生活手帖》初期曾连载过《西洋料理入门》,大桥镇子在《〈生活手帖〉与我》中曾经写过:"有奶油炖菜的做法,还有汉堡排、炸猪排、炸可乐饼、咖喱饭、手抓饭等,栏目中介绍了用随处可以买到的材料制作美味料理的诀窍,任何人都能做。"

这一时期为料理栏目撰稿的主要是千叶千代吉。他原本是霞町一家名为Line Land的印度餐厅的厨师,战争时期曾担任被日本出版文化协会整栋接管的高级公寓"文化公寓"的食堂主厨,大桥镇子就在那里工作过。战后,Line Land的经营者决定回国,花森于是邀请他"到我们这里来工作吧"。据说这就是事情的经过。

据北村正之介绍,千叶千代吉在那之后"成了生活手帖社的厨师,负责制作花森的餐点和社员们加班时的餐点"。

"轮到我们值班时,我们会为千叶先生打下手,做一些诸如裹面包粉或准备食材的工作,等等。这些工作让我学会了不少料理。"

多亏了千叶先生,学会料理的人不仅限于社员。不少人从他在杂志上开设的料理教室中学到了"咖喱的做法",志贺直哉也是其中之一。他严格按照杂志上写的方法制作,结果非常美味。志贺因此十分高兴,逢人就会宣传《生活手帖》很有用。从那以后,千叶式的咖喱就成了志贺家一道固定不变的招牌菜。

早期的这类入门文章,加上生活手帖社的厨房里千叶和年轻社员之间日常的"师徒"关系,都成了后来"生活手帖式"料理文章的基础。就像大家所了解到的那样,杂志的料理栏目是按照以下步骤制作的:

1. 请专业的厨师来做平常的家庭料理,将其步骤用一组照片的方式进行记录。

2. 由在一旁观察的责任编辑将其整理为一页食谱。

3. 由不在现场的其他编辑,按照这张食谱制作相同的料理。

4. 请大家品尝比较。

5. 如果味道和厨师做的一样就获得通过，如果不一样则要修改食谱。

6. 重复上述过程，直到通过为止。

拿到的食谱是否真的能用，必须在厨房里反复测试。这一手法与商品测评的手法并无二致。因此和商品测评一样，料理栏目也对编辑提出了十分苛刻的要求。

"平时工作到晚上十点、十一点毫不出奇，特别是做与测评相关的工作时，时间更是没有准"，这也是北村说的。"也许是出于压力吧，我年轻的时候对花森怀着类似愤怒的感情，并且似乎相当之深。可是提出异议时，如果自己没有亲自试过，又只会得到'做都没做过，懂个什么'这样的回答。为此我又会顶撞……"

"与测评相关的工作"中，当然也包括了料理栏目。为什么要做到这种程度？或者说，为什么要逼部员们做到这种程度？

1953年发行的《生活的眼镜》里收录了《食之极乐》一文，这篇文章被认为是花森50年代初的作品，写于《生活手帖》

确定名称前。当时,从战时延续到战后的"饥饿的年代"告一段落,料理学校取代了缝纫学校,在大街小巷里流行起来。这又是一段戏谑的文字——哎呀,料理学校又是"无用功"。

错当然不在学生们,而是学校不行。如果想教料理,就不应该只顾着把"a la napolitain, a la American, a la…"这类惹人惊叹的东西一件件并列起来,让天真的学生们惊叹不已。更应该教的是如何把料理做得美味。

料理的种类可以不多,从煮饭的方法开始,到味噌汤、腌菜、烤三文鱼的方法,再到煮蔬菜的方法,为汤搭配煎蛋卷,怎样烤牛排,教这些普通的内容就好。

与料理的种类相比,更加重要的是让学生数次、数十次、数百次地反反复复实际制作,直到舌头和手臂都记住为止,这才称得上是料理学校。假如有学生说"不想学这些",那么只能说这种学生是本来就没有心思学习料理的家伙。

"a la…"之流,没有必要让学生去做,应该由老师来做(能做吗?),并且请学生来品尝——告诉他们,这些才是真正的美味。假如老师真的如专家般手艺超群,学生的口味也会越来越挑剔。这么一来,学生的料理不知会变得多么高明。通常来讲,没有品尝过美味的人,无论怎样拿着笔记经常练习,都不可能做出美味的食物。这么简单的道理怎么会不懂呢?真是百思不得其解。

既然提出批判,就必须负起那份责任。况且花森安治是一个比起理论来更注重实践的人,仅仅从外部没完没了地进行批判,他自己也无法忍受。其结果就是,《生活手帖》的料理栏目就像他理想中的料理学校那样诞生了。我试着翻开手边的一本《生活手帖》,是1964年初夏刊。这期杂志测评了电动缝纫机和煤气炉,品尝比较了多款即食咖喱,还刊登了下面这些与料理有关的文章:

《一起来煮盐渍昆布》

《八宝辣酱》(战美朴)

《十二个月的家常菜》(小岛信平)

渍烧竹笋、甜醋煮沙丁鱼、花椒芽拌花菜和猪

肉、汤豆腐、芥末酱油拌鲣鱼和款冬

《鸡肉、炖肉丁和蟹肉沙拉》(常原久弥)

《今夜的下酒菜》

当时，战美朴是香港饭店的主厨，小岛信平是大阪的饭店"生野"的主厨，常原久弥是大阪皇家饭店的主厨。

这些"专家级的高手"，用现在的话来说就是"料理铁人"。请他们作为老师，在编辑室旁边的大厨房里制作日常的家庭菜肴，编辑部成员作为学生记录下制作过程，再由别的学生进行试做，如果没有做出同样的味道，就反复修改食谱，这一严格的栏目制作方法就这样诞生了。如果没有"拼上性命"进行实践的话，就无法做出客观的批评。在我的想象中，这也和商品测评一样，做的是同样的事情，实际情况又如何呢？

花森对这些"专家级的高手"的信赖，以及他"热爱一流"的品味，表现得十分露骨，有人对此表示过厌恶，我也多少有些类似的倾向。可是在料理栏目这一点上，好像不能这样简单地看待。本多光夫曾任《家庭画报》的主编，他在由杂志《东京人》举办的座谈会"花森式生活学的四十年"上这样说过：

> 过去对料理进行指导解说的人——所谓的"料理教师"——多是教授家庭料理的基础做法、菜品的搭配，等等。与一般人的这种观念相反，《生活手帖》……却聘用了专业的人员，像餐厅的主厨或是料亭的板前（料理人）……在这一点上完全不同。后来，为了追求高品质，各种女性杂志的料理栏目中邀请厨师或是板前的频率也渐渐增加了，从这一意义上来说《生活手帖》是先驱。

正如本多所说，在那之前的女性杂志上，料理栏目多半是由女子大学的家政科老师或料理学校的老师来负责。花森摒弃了这种做法，请来脱离日常生活的高级餐厅的专业厨师，当面制作随处可见的日常料理，这种组合是如此巧妙。假如学生失败了，则"无论多少次"都要重做。这么一来，又将实用性的文章形式化、娱乐化了。换句话说，正是花森的编辑调度能力才将其变为现实。这始终是他鲜明的一面。

花森推崇一流，因此杂志的作者也都是名人。料理栏目也是如此，上图的作者是高级日本料亭"吉兆"的汤木贞一，下图的作者是帝国酒店的村上信夫。(两图分别来自《生活手帖》1973年第23号、1974年第31号)

这里我有一个疑问——花森在杂志的舞台上做到了这种程度,在自己的家庭生活中又是怎样的呢?根据蓝生的描述,抛开学生时代和刚结婚时,花森亲自下厨的时间少得可怜:

> 父亲很喜欢吃,可自己却不做饭。只是有一次,神户的祖父去世,当时战争才刚刚结束,父亲因为有事无法抽身,由母亲代为前往。这样一来我和父亲两个人留在了家里,父亲为我做了炸鱼饼。菜里面放了花椒,我好像说了不要、不好吃之类的话。父亲的心情一下子变坏了,狠狠地发了顿脾气,说:这些东西不能不吃。

尽管如此,花森自己却十分挑食,最怕豆类、薯类等淀粉含量高的食物。不仅不吃,只要餐桌上出现与之有关的菜,便会高声怒吼"不要放在同一张饭桌上!"。"所以妈妈总是很辛苦",蓝生说道。尽管如此,他在怒吼之后总是会急忙对妻子和女儿放低姿态,总算是能认识到自己的任性。

可在职场上,花森偶尔也会站在厨房里。每天九点一上班,他要先喝一杯咖啡。那不是普通的咖啡,而是泡得浓浓的雀巢速溶咖啡。里面不放砂糖,而是放人工甜味剂。他也很喜欢吃速食面。也有编辑曾见过他午饭时在甜口的煮牛肉罐头里放上切好的洋葱,最后打上一个鸡蛋来吃。

这么看来,虽然偶有例外,但花森在生活中怎么也算不上"男人下厨"派。自己的饮食全交给夫人,并且相当任性。虽说不太好,可是像我们这一代人已经无法改变这些深入骨髓的习惯了,接下来就看你们的了,你们好好做吧——也许他是这么想的。

第十三章　对日本人生活的观察

一个日本人的生活

花森安治在《生活手帖》中的尝试不只有商品测评和食谱。虽然与这两个相比看起来很不起眼,但杂志上另外一个倾注了他极大热情的策划,可以说是第三个支柱的,就是以《一个日本人的生活》为代表、精心追踪日本各地普通人生活的一系列照片纪实报道。

支撑着第一个和第二个栏目的,是成长于神户的花森,内心所怀的文明开化的愿望——日本人的生活应该更加清爽合理。而支撑着第三个栏目的,则是花森内心属于松江的那一面——假如硬要说的话——对市井众生昔日生活的共鸣和好奇心。

我们来具体看一看吧。花森在1952年写了《土桥附近》这篇短文，当时生活手帖社的一部分还留在银座八丁目。短文一开始，有这样一段："对我来说，这风景就像是洗得褪色的贴身衣物。这七年间，每当我从书桌上抬起头来，望向窗外，就能看到这样的情景。从土桥到难波桥间的小河。"

（可是）对于我这种俗人来说，比起风景，人的日常茶饭事显得更有意思。

看到小货船把千叶一带的土运到这里来，我才知道"土屋"不是什么商号，而是小钢珠店的那个"土屋"。隔壁仓库的大叔，从两三天前就在检查桥的柱子有没有腐坏，还跳进河里查看。旁边的Grill酒吧还没装修完，那里似乎经常变店主，刚才又有一批工人进去了。……

战争刚结束时，附近的河岸上，红砖瓦和钢筋水泥的碎片堆得像山一样。也不知是什么时候收拾好的，还立起了大大的警示牌，用英语写着"不要扔垃圾"，结果变成了这附近的垃圾场。后来垃圾场也清理掉了，开始摆出小吃摊。从小吃摊的经营方式中，我仔仔细细地观察并学到了经营的奥妙。

有一天我发现这些也都消失了，现在，那里停满了收废品的车子，密不透风。仔细看看，还能见到年轻女性的身影。在这成箱的垃圾中，小心翼翼地收纳着装有镜子和梳子的小包。

这种对"人的日常茶饭事"的关心，是花森安治内心深处一贯以之的东西：从神户的少年时代开始，他在路旁木屐店修理匠人的身旁坐下，"完整地学习了"对方的工作；到青年时代，被松江街上的建筑工人、泥瓦匠、人力车夫在路旁点茶的情景所吸引；还有当兵的日子，在部队的病房里侧耳倾听大阪的铁商和米子市的巡查的对话。这不是临阵磨枪。这种关心，已如同"洗得褪色的贴身衣物"般与他融为一体。

不只是从旁观察，他也很喜欢坐下来投入地与他们闲聊。就像河津一哉所说的，"无论去任何地方，他都很擅长跃入市井之人的内心。无论对方是老爷爷、老奶奶，还是工匠，他都很擅长让对方开口说话"。如果真是这样，我不禁得出以下推测。

我想，是不是曾发生过这样的事呢——或许是在大政翼赞会时代的末期，他作为文化动员部副部长在日本各地进行漫长的巡回宣传，一边和当地人喝着冷掉的茶一边忘情交谈，亲身接触到了他们的"日常茶饭事"。而这些经历使他体会到了翼赞会式宣传标语的空洞，甚至达到了厌烦的程度。这样的经验中，同时也包含了自我批判（被缓刑的战犯意识）的萌芽——稀里糊涂被卷入战争热潮中的自己是多么浅薄。因此，花森才会在战败时发出这样的疑问——

要将我们日本人，也就是我自己，从"奴隶性"中解放出来，从而避免再次被卷入战争，究竟应该做些什么呢？

并非没有这个可能。

对于这个问题，我们的回答绝不能一边倒地偏向美国式的民主主义和苏联式的共产主义，必须让日本人的生活从上至下地合理化。不仅如此，还要把我们生活中"值得守护的东西"找出来。唯有这次，我们必须用自己的力量去锤炼它。

为了做到这一点,我们要剥离掉媒体的新民族主义或是左右的思想体系,把当下日本人的生活好好地记录下来。花森产生了这样的想法,并延伸出《一个日本人的生活》系列。从被人戏称为"跑单帮的"中年妇女行脚商人开始,到住在水车小屋里的人、住公司宿舍的人、住公寓的人,再到战争遗孀、菜贩子、双职工家庭、跑龙套的女演员,等等,他尝试亲密接触这些人,并记录下他们的日常生活(就像他在《土桥附近》中描绘的那样)——这些人的生活不仅算不上舒适,偶尔还会被投以"冷眼",却不得不生存下去。

在花森的指示下,策划被委派给编辑部的每一个成员。采访有时候会花费一年时间,从早上起床直到夜里入睡,每每都要进行"细致入微的采访"。假如做了不痛不痒的采访,便会受到尖锐的批评。唐泽平吉在《花森安治的编辑部》中介绍过这样一则逸事,体现了花森的恐怖之处。

花森安治在读完某位编辑交上来的稿件后,立刻把编辑叫到身旁。

"对方真的说过这些话吗?"

"是的。就是这么说的……"

"我实在无法相信对方会说这样的话,应该还漏了什么。你把录音拿来给我听一下。"

听着录音带,"花森先生的脸色愈发阴沉",唐泽写道。编辑在提出问题时预设了对方的回答,对此,采访对象只能像鹦鹉一样做出"是的""对的"之类的回答。

"这算什么啊?对方什么都没说,全是你自己的话!你这不是采访,只是在确认自己的想法。这还有采访的必要吗?也能拿得出来?"

这篇稿件被当场宣布作废。

"花森先生的可怕之处,就是这种敏锐的判断力。正因如此,他的采访能力非常强。哪怕是对方可能不愿触及的话题,他也有办法让对方开口。……他会让对方畅所欲言,并承诺'如果有不想刊登的内容,请告诉我,我不会写出来',且忠实执行。"

不仅是文章。编辑部有一条规矩,采访时除了专业的摄影师之外,编辑自己也要拍摄照片。

花森对照相机的喜爱到了近乎"迷恋"的程度。杂志校对结束后,他总是会去银座的一家相机店,和信赖的店员商量着购入新的相机或是 8 毫米摄像机。下面这一点恐怕也是原因之一。"一进生活手帖社,就不得不先自掏腰包购买相机和磁带式录音机。"北村正之这样谈道,"对方的说法是,对待公司的东西不会像对待自己的东西一样爱惜,不过,这些也算是身为记者的必需品吧。社员旅行的时候,我们所有人的脖子上都挂着专业级的单反相机,外人看来大概是一个很不可思议的团体。"

数码化就不用说了,当时距离 70 年代后期开始的小型化和轻量化也还有很长一段时间,因此无论照相机还是磁带式录音机,都还是价格非常高昂的商品。在"自掏腰包购买"这一强制性的命令下,花森也会使用一些考虑周全的技巧——刚进公司的新人,入社后会马上收到相当于一个月工资的奖金。

从这些方面能够看出,花森对于编辑未来的发展方向,有着自己的见解。今后的编辑,必须同时是有能力的记者,这是花森认真思考后的结论。虽然编辑也要和随笔栏目的作者们交流,可是在那之前,他们自己也要直接和未经加工的现实生活打交道，尽早获得从中孕育文章的品味和技术。通过商品测评和料理栏目，编辑们已经磨炼了与物品打交道的技术。这次是与活生生的人打交道，只有铅笔和计算尺是不够的。从这时候起，就产生了随身携带照相机和磁带式录音机，并用得很顺手的编辑这一形象。

正因为如此，他对照片的要求非常高。假如专职摄影师和编辑拍来的照片不合他的意，立刻就会有"炸弹"从天而降。

"又拍这么无聊的照片！"

唐泽谈到过，这是花森在不满时的口头禅。不过这些"无聊的"照片有时会因为花森的修剪和排版而复活，组成十分具有《生活手帖》风格的明快的杂志版面。如果这项工作进行得顺利，花森便会用得意的表情这样说道：

"去看看电影吧，去看看外国的杂志吧。照片的角度好，构图也好，你们能从里面学到的东西可多着呢。"

始终独立的保守主义者

花森安治的内心,既有通过商品测评所体现的激进的合理性志向,也有对"洗得褪色的贴身衣物"般的旧时生活方式无条件的认同,两者共存,密不可分。

这两者也同样存在于他对日语文章的思考当中。花森在战后,对于文部省和占领军所提出的限制使用汉字、强制使用新假名的政策提出了强烈的反对。对于杂志"竖排版之美",我在之前已经做过阐述,这里不再多言。包括这些在内,只要事关日语文章和文字,他都旗帜鲜明地站在保守的立场上。

另外,这里又要重复前文写过的内容了,花森对"好文章"也曾有过思考。酒井宽曾在文章中说:

"花森曾经说过,所谓的好文章,是能够让对方原原本本领会自己想法的文章。只用简明易懂的词,全部要用平假名来书写,使用一目了然的语言,最低限度地使用汉字,汉字也要用笔画少的字。多换行。要用温柔的语言来表达愤怒。"(《花森安治的工作》)

乍一看,这里有着明显矛盾的地方。他一方面激烈地反对限制使用汉字和推行新假名的政策，自己却制定这样的规矩（私人化地限制汉字的使用，提倡假名），并且在日常工作中强行要求年轻的编辑们执行。

这真的互相矛盾吗？我并不这样认为。

实际上在当时，不仅是花森，许多人都在各自的立场上——而不是基于国家的强制命令——为制定新的文章标准做着努力。例如鹤见俊辅，他主张人肯定会犯错，因此不应拘泥于从西周到西田几多郎的近代日本学者们制定的暧昧难懂的汉字，犯错的时候，就应该将错就错地写成谁都能看懂的文章。鹤见在京都大学人文科学研究所的同事梅棹忠夫也提出了个人准则，只有在音读时使用汉字，训读[1]时全部写成假名。

鹤见也好，梅棹也好，他们的想法都与花森所做的工作有着共鸣。可是说到花森与梅棹的实际接触，只是在朝日新闻社非官方的定期座谈会上偶尔碰面而已。两人没有过亲

---

[1] 音读、训读：同一个汉字在日语中通常有多种读法，其中对照汉语音的读法叫音读，日语中固有的读法叫训读。

密交谈的迹象，仅仅是各自呼吸着同一时代的空气。可是，他们却提出了彼此独立而有个性的文章理论，现在看来就像是共鸣一样。这一点很有意思。

这样来看，花森从表面上看仿佛矛盾的两个想法，实际上是一个想法——有一股自上而下的力量正要破坏已经与自己融为一体的传统（对假名的使用和竖排的习惯），用不容置疑的新规则取而代之，自己若要和那股力量进行对抗，只能用自己可以接受的方式将传统的好东西传承下去。

有一类人可以接受用权力来强制保护传统。假如将这类人称为保守主义者的话，花森并不属于这一派。他在战后没有与任何权力联手，独自一人用固执的姿态坚持做一个独行侠式的保守主义者。不必我过多说明，权力的强制行为中肯定也包含了对战争的强制。与常见的保守主义者不同，花森从未放下对战争的恐惧与愤怒——战争从根本上破坏了日本人的生活。让我们接着讲。继承了《一个日本人的生活》系列，将这一点展示得更为清楚的，是1968年8月发行的第96号，杂志用整期的篇幅刊登了大特辑——《战争中的生活记录》。

《战争中的生活记录》，1968年夏季作为《生活手帖》的特辑出版。初版的八十万册转眼就销售一空，加印的十万册也在年内售罄。1969年加入读者反馈之后重新编辑成书，并出版发行，现在已经重印至第十七版。

截至当时，已经有很多人针对战争发表过言论。可是在那场战争中"咬紧牙关生存下来的人们，他们因什么而痛苦，吃了什么，穿着什么，过着怎样的生活，怎样死去，又是怎样活下来的"，几乎没能留下亲历者书写的任何记录。同期杂志上刊登了以"写给那天以后出生的人"为题的短文，当中写道，"这里有为数不多的记录"。没有署名的作者自然是花森本人。

现在，你正在哪个时代、在什么地方读着这本书呢？我不得而知。你正在用什么样的心情读这本书呢？我也不知道。

然而不管你怎么想，这就是战争的真相。为了让你看清它，我们要让这微薄的一册留下来。

整本特辑都由读者的投稿组成。说到投稿，不光是文字的稿件，也包含了"战争期间使用过的生活用具和衣物，或是照片、日记、记事本等"（《后记》）。投稿总数达到了一千七百三十六件。百分之八十的投稿者是中年或老年的女性。这不是一个普通的量。在数量众多的稿件中，还有一些出生以来第一次写稿的人所写的东西，大量的文章中夹杂着错字，有时还会漏字。花森等人如同破解暗号般一篇一篇地解读这些文章，然后将它们按照战场、配给食品日记、疏散、东京大空袭、居住街道的烧毁情况、大阪毁灭、挨饿的孩子、来到农村的城市孩子、防空洞和地窖、满身都是油和泥、食物、酒、香烟、火柴、肥皂、长靴、油、路旁的田、扭曲的时尚、羞耻的记忆、我的父亲我的丈夫等项目进行分类，在其中插入当时的报纸新闻，并且没有舍弃一贯的完美主义做法，将它们刚刚好地收入 B5 开本二百五十二页的一册。无论谁去想，都会觉得这不是一件容易的事。花森也好，编辑部的成员也好，这次扔下了照相机和磁带式录音机，接连几天住在研究室里，进行这繁重的劳动。

说到 1968 年，越南战争正进行得如火如荼，日本的反越战运动也日渐激烈。受到这一事件的影响，特辑在一年间销售了九十一万册，之后出版的"保存版"一直卖到了现在。

特辑的编辑工作进行到最后的时候，某个通讯社发来了采访，当中问到，如此沉重的战争体验，挺直脊梁活下来的人为什么从来没有向年轻人传达过呢。花森这样回答：

> 那是因为，自己的体验变成了犯罪的意识。我自己是在三十岁前后时经历的战争，当时的我坚信，自己做的事情是最为崇高的，我是靠着这个信念才从那个年代里生存了下来。可是战争一旦结束，所有的价值都倾覆了。参加战争是不好的，隔壁班的班长也因所做的事被投以嫌恶的目光。……可是很多人还是会在心底认为，为什么不能为国家倾尽所有呢？只是世间已经到了民主主义的时代，不能说出那种话来。……还有，输掉战争的冲击过于巨大，自己的生存方式到底哪里是对的，哪里是错的，一些人无法进行这样的价值判断了。男性在这时就沉默了。……可是女性却不一样。她们坚信，自己的体验都是真实的。
>
> （《第二十二年的"战争体验"》）

男人们在战后，出于罪恶感而无法坦率地说出自己的战争体验，想要逃避。在说这话的同时，当时的花森，毫无疑问把自己也划分到了他所说的男人们当中。为什么这么说？

因为他也作为士兵参与了战争，并且曾作为大政翼赞会的成员在后方建立"邻组"（居民小组）。

进一步说，花森自己在这一点上也和其他男人一样——因为身处"民主主义的时代"，逃避着对于战争体验的详细叙述。女性们在这一点上却不一样。只要有机会，她们便会针对自己的战争体验进行细致入微的阐述——女性身上拥有这种潜力，花森很好地证明了这一点。和女性相比，包括自己在内的男性多少有些可鄙。这是特辑出版之后，花森直接感受到的东西。

京都重病

这一年，花森五十七岁。他已经不算年轻了，因此每完成一项大工作后的疲劳感也更加强烈。不仅是精神上的疲惫，他的体重也渐渐地超过了八十公斤，患上了心脏病和支气管炎等疾病。花森在这样的身体状态下，于1969年2月，带着编辑部几名成员前往严寒的京都，去见松田道雄。用河津一哉的话来说，此行似乎"是想让京都的几个人成为杂志的智囊团"。

松田道雄比花森年长三岁，出生于1908年。他毕业于京都大学，是一名小儿科医生，在京都开了一家小小的独立诊所。1949年他在创元社出版了《婴儿的科学》，1967年在岩波书店出版了畅销书《育儿百科》等著作，因而为人所熟知。他也是一位十分珍视日常生活、不为国家和政党的力量而屈服的自由思想家，是花森很早以前就十分信赖的人。

那么，两人是在何时何地认识的呢？

花森去世后，松田很快为《每日新闻》写了《与花森安治的交往》这一追悼文章。文中有这样一段："谷口正元先生曾在大阪的创元社编辑部工作，他在同一时期为花森先生和我出版了随笔集，那时我们通过谷口先生为彼此写了评论。"松田的这本随笔集指的是《霰疗法》，花森的书则是《生活的眼镜》。原来如此。我查过版权页，发现两本书都是1953年由创元社出版的。

同年，生活手帖研究室成立了。松田是《生活手帖》里经常出现的作者，每一期都会刊登稿件，其中包括1959年开始连载的专栏《我的手帖》，还有他与花森的长篇对谈。

《生活手帖》从20世纪60年代到70年代，曾经用杂志颇为拿手的照片纪实报道的形式，刊登过关于集体保育现场的文章。这也是借由松田的关系而产生的策划。

20世纪80年代初，松田的《热爱日常》一书出版，当中集结了他在《每日新闻》上连载的专栏《中场休息》中的内容。书中有这样的一段：

> 为了守护和平，应该抛去军火商般的贪欲，把战争的悲惨体验传达出去。可是过去为什么所有的国民都参加了战争这种否定日常生活的活动呢？因为当时的信息产业拿出了一些新的东西，还有一些民族主义的东西，起初大家都觉得挺了不起，可是最终它们像洪水一样吞噬了日常。
>
> 珍惜日常就是抵抗战争。
>
> 信息是巨大的产业化的商品，身处由信息产业向其他产业输送活力的社会，要保持平常心，不随波逐流，对新的东西、民族主义的东西保持警惕。
>
> 想要维护和平的话，相比那些如殉道者般的反战活动家，尊重日常的普通主妇更值得期待。
>
> （《岁首》）

为了不被战争这种"否定日常生活的活动"吞噬，我们自己只能更加"珍惜日常"。松田道雄的这一想法与花森不谋而合。松田当然不是在模仿花森，花森的想法也不是从松田那里继承而来的。很偶然地，两人在同一个时代，不同的地点，得出了相似的结论。

反战仅靠标语是不够的，对特殊时期的英雄主义也只能说声抱歉。"对日常的否定"要用"对日常的热爱"来对抗。无论看起来是多么迂回，我们只能从这里出发。

花森转变想法的根源，是曾身为大政翼赞会的成员袒护战争而受到的伤害。松田身上没有这样的伤痕。取而代之的，是自己过去曾认为反对战争只能靠"如殉道者般的反战活动家"，这一想法背后的念头给他带来了伤害。尽管他没有成为党员，可是在战前、战时、战后都作为共产党的赞成者，无意中支持了斯大林主义。

花森到京都拜访松田，在那里进行了怎样的交流，现在已经没有人知道了。假如像河津所说的，这次拜访的目的是寻找新的智囊团，那么恐怕不应该是松田，而是鹤见俊辅或梅棹忠夫，当然这也不得而知了。

见面之后，发生了一件出乎所有人意料的大事。在松田家愉快地交谈之后，花森倒在了下榻的都酒店里。酒店的医生劝花森住院，却被他拒绝了，他说"我找了熟悉的按摩师来给我按摩，现在只是痛劲儿上来了而已"。同行的人不得不给松田打电话，松田大吃一惊，第二天一早就赶到了酒店。"我赶到一看，像是心肌梗死，而且非常严重。这个人可不能死啊。……大学医院的话，就不得不跟那些有勋位等级的医生打交道。假如托人让他住进去，一切就要按医院的话来做。花森这个人只要活着就不会放下工作，到时候肯定会发生冲突。……于是我想了一个能确保花森'自主性'的治疗方案。我从好朋友开的堀川医院、南医院找来了屋井、森、日下等几位专家，组成了一个医师团，带来了心电图仪、氧气泵等，为他进行'酒店疗法'。"（《与花森安治的交往》）

在松田的快速判断和酒店的好意配合下，除了病房以外，家人和医师们的房间也得到了保证。夜里医师团的成员交替监护，白天则幸亏有诊所关门之后略有空闲的松田。松田一边撰写河出书房委托的《俄国的革命》（《世界历史》22），一边照顾花森，这一少见的酒店住院体制在匆忙之中建立起来。

同行的编辑在第二天回了东京。偏不凑巧的是，花森的妻子百代也因为眼底出血而住院。当时已经结婚、住在大阪高槻的女儿土井蓝生带着两岁零十一个月的外孙女阳子住进了酒店，和松田介绍来的护士一起照顾花森。

"父亲不能继续胖下去了，吸烟也被禁止，心情特别不好。都酒店的社长请餐厅的厨师特别制作了餐点送到客房，可是他不爱吃。因为他总说不吃，只好由我来做。我在自己的房间里放了电炉、砧板、平底锅，等等。

在这种状态下，我得考虑把女儿暂时寄放在哪里。松田先生却说，阳子能在附近转来转去的话，对花森恢复精神状态也有好处。京都女子大学的学生也充当保姆来帮助我。我的女儿不认生，服务员还有开电梯的小哥等都很喜欢她。"

就像松田所预想的那样，即使发生了这种事，花森也没有停止工作。稿件、照片和活字盘被送到了病房，编辑部的成员们也轮流来京都，一边接受花森的怒吼，一边进行着下一期、下下一期的编辑工作。

尽管如此，我仍然感到不可思议——这种时候绝对需

上：花森在心肌梗死倒下后，前来照料他的女儿和外孙女。1969年，摄于京都的都酒店。
下：在酒店静养期间，花森在消遣时画的自画像速写等。
（世田谷美术馆收藏）

要静养吧？从这个故事足以看出松田和花森之间相互信赖的关系是多么深厚。不管怎样，这荒唐的"酒店疗法"持续了两个月，花森终于"出院"了。"可是住院费该怎么办啊，花了不少钱吧？"我问蓝生。

蓝生回答道："父亲的费用由生活手帖社出。我个人的那部分费用就没有办法了。大家都说，回程就买卧铺吧，可是他不愿意，坐新干线回去了。"

第十四章　战斗到最后一刻[1]

《一分五厘的旗》发行

在京都大病一场之后，花森的身体明显虚弱了很多。他戒了酒，减少糖分的摄入，把香烟也戒了——在那之前PEACE牌的香烟罐几乎从不离手，把手指都染成了黄色。

也是在这一时期，花森开始骑三轮自行车前往生活手帖社。"他自己也开始留意起身体来，"北村正之说，"比如他说今天的午餐只吃蔬菜沙拉，就把蔬菜放到碗里，真的只

---

1 原标题为"弁庆立往生"，作者在此处使用了一个典故：武藏坊弁庆为平安时代末期武士精神的代表人物。传说其舍命护主，力战之后终究寡不敌众，身中万箭站立而死，即著名的"立往生"。弁庆立往生指在战场上站着死去。

吃那个。这人无论做什么事总是有些极端。"

那之后过了两年半,1971年10月,花森在《颠倒的世间》出版十七年后,新作品《一分五厘的旗》发行了。这本书很美——B5开本,约三百四十页,带有函套,选取了他之前为《生活手帖》所写的二十九篇散文。

标题出自长篇散文诗《瞧吧!我们一分五厘的旗》。诗原本刊登在他大病后的第二年,也就是1970年10月发行的第2世纪第8号上。"一分五厘"是战前明信片的价格。包括花森自己在内,日本的男人都曾被这样一枚明信片召集入伍,被送上战场,很多人像虫子一样死去。因此"一分五厘"这个词,也包含了像虫子一样的庶民的意思。

根据后记,他开始计划这本书是在京都生病时,是在"哪怕动一下指头也被说成很危险,只能一直看着天花板"的日子里。"想继续活下去的心情油然而生。……我是在那时产生了这个想法——要不要整理一下在《生活手帖》上写过的内容呢?"

在1972年,这本书和井伏鳟二的《早稻田的森林》一起,获得了第二十三届"读卖文学奖(随笔、游记类)"。这本书受到了丹羽文雄和林房雄两人的强烈推荐,获得了十四位评审委员超过半数的赞成票。

"我曾经在很长一段时间里误解了(花森先生)。支撑他认真生活的东西非常强大。现在很多人只是嘴上讲良心、讲进步,而他绝不是这种只靠口舌的人。《一分五厘的旗》是一个非常壮丽的诗篇。"

这是丹羽文雄的推荐词。共同获奖的井伏鳟二也在接受报纸记者采访时说道:"能和花森先生一起获奖,我很高兴。那是一本真正的随感录。文章写得非常好,点子也很好。"

花森毫不掩饰自己对于这次获奖的喜悦之情。不仅在颁奖仪式上,颁奖结束后在九段的 Grand Palace 酒店召开的祝贺会上也是,他没系领带,穿着和平时一样的玛格丽格牌白色夹克衫,回应着来自佐野繁次郎、藤山爱一郎、泽村贞子、池岛信平的祝辞,说:"我生来从没得过奖,只得过勋章,是名叫金平糖的勋八等瑞宝章。我扔出石子,打中了金平糖这种随处可见的奖……"

花森之所以高兴,是因为这个奖对他来说是一个意外。这也难怪。就连不久之前因"肯定大东亚战争的言论"而招来众人批评的林房雄,也积极推荐了这本和自己的主张格格不入的书。

这本书的重要一篇《瞧吧!我们一分五厘的旗》,也是花森下了很大决心才完成的,特别是下文引用的一段,令很多读者感到惊讶。

> 民主主义的"民"是庶民的"民"
> 是把我们的生活 放在高于一切的第一位
> 当我们的生活 与企业的利益 发生冲突
> 那么就关闭企业
> 当我们的生活 与政府的想法 发生冲突
> 那么就推翻政府

关闭企业,推翻政府——

花森把这么直接的字句写进自己文章里,写作背景,其实是上一期杂志(第2世纪第7号)的《杂记本》专栏里,编辑部的一位成员写了一篇一百五十字左右的唱片简介,介绍的是五人和声团体"The Fifth Dimension"的唱片。写这篇稿件的河津一哉后来这样回忆道：

"那首歌把美国的《独立宣言》原原本本地唱出来了。我觉得太了不起了，十分感动，因此把整首长长的歌词抄写下来投了稿。花森注意到了这篇稿件，他把我抄来的长长的内容削减成了下面这个样子，并采用了。

'所谓政府，是为保证所有人的生命权、自由权和追求幸福的权利，在被治理者的同意下设置的。任何形式的政府，只要破坏上述目的，人民就有权利改变或废除它……'

我现在还记得，当我在接下来的第8号上看到这一段时，所暗自感到的自豪和喜悦。天才把《独立宣言》漂亮地变成了自己的语言。"（为岛根县立美术馆的演讲所写的演讲稿）

把河津抄来的《独立宣言》用自己的手重新写过，花森一定认为美国政府在越南所做的事情，已经彻底背离了他们在《独立宣言》中所写的"人拥有生命权、自由权和追求幸福的权利"这一宗旨。

日本的宪法同样是用来保障国民"权利"的，花森对政府和企业背叛宪法的行为产生了相同的愤怒。可是说到对政府和国会的批判，他过去已经软硬交织、不厌其烦地写了

花森安治著作《一分五厘的旗》，生活手帖社，1971年出版。

很多。在这里更引人注目的，应该是对企业行径的愤怒——企业在经济高速增长期，为了提升利益而毫不在乎地背叛人民的生命和幸福。

当我们的生活，与企业的利益发生冲突，那么就关闭企业。

花森在指出这一点时，他想到的是以水俣病为代表的日本公害的现实问题。

水俣病

这并不是始于这一时期的唐突的鼓动。花森在60年代后期，已经在《生活手帖》上批评以水俣病为首的公害（即由企业和政府造成的破坏自然的现象）。下文引用两个简略年表，前者是1970年前后花森与《生活手帖》的变化，后者是同一时期日本社会发生的变化。

1967年　《生活手帖》第91号刊登花森的文章《这一巨大的公害》。

1968年　在三鹰市的自治省消防研究所进行公开实

验,"泼水之争"总算告一段落。

1969年　花森因心肌梗死病倒,不得已在京都的都酒店里长期"住院"。

4月,《生活手帖》第100号发行。7月,第2世纪第1号发行。

1970年　第2世纪第8号上刊登《瞧吧!我们一分五厘的旗》。

1971年　10月,《一分五厘的旗》出版。

1972年　2月,《一分五厘的旗》获"读卖文学奖"。

第2世纪第21号上刊登《未来是灰色的》。

《文艺春秋》3月号上刊登《你也好,你这家伙也好,都给我听着》。

1970年前后,日本接二连三地发生了很多大事,包括反越战运动、大学冲突激化、机动队解除了对东大安田讲堂的封锁、大阪世博会召开、淀号劫机事件、三岛由纪夫切腹自杀、浅间山庄事件、冲绳政权移交、田中角荣出版《日本列岛改造论》、横井庄一从关岛回到日本等。在日本各地,还有一系列更为突出的事件。

1967年 新潟水俣病患者提出集体诉讼,诉"昭和电工"公司排放有毒的有机汞,申请损害赔偿。

1968年 水俣病、痛痛病被国家认定为公害病。

1969年 熊本水俣病患者及家属提出集体诉讼,诉"新日本窒素肥料"(现 Chisso)公司排放有机汞,要求损害赔偿。

举办公害受害者全国大会(水俣病、痛痛病、三池矿山一氧化碳中毒、森永公司的砷牛奶中毒事件、米糠油中毒事件等受害者)。

1970年 大阪 Chisso 公司的股东代表大会上,身穿全白装束的受害者作为股东参与大会并进行抗议。

1971年 新潟水俣病第一次诉讼,原告胜诉。这是日本第一例承认企业过失责任的判决。

1973年 熊本水俣病第一次诉讼,原告也获得胜诉。判决裁定,企业有责任防止周边地区居民的生命和健康受到危害。

后来被称为水俣病的"怪病",从 1940 年末开始,陆续出现在熊本县水俣湾周边。在二十年后终于公开认定,病源是一家企业排放的废水中所包含的甲基汞。以此为契机,对公害问题的关心在日本全国扩散开来。也是在同一时期,花森开始针对公害问题和环境问题积极发言。希望各位对比着来看这两张简略年表。花森在《瞧吧!我们一分五厘的旗》里写到"关闭企业""推翻政府"的时候,其实,他是甚为具体地在说——关闭至今仍在逃避责任的新日本窒素肥料和昭和电工,推翻为了保护这些企业而不肯明确表明意向、轻视我们生活的政府。

这就是他想说的。结合当时的情势,读者们也立刻领会了这一点。假如代入到福岛核泄漏事件之后的日本来看,就是销量达到百万级别的杂志的主编公然放话,要关闭东京电力公司,把权力从态度永远暧昧的政治家手里夺回来。读者们看到花森竟然说到这种程度,不会不感到吃惊。

为什么花森会用如此激烈的口吻批判企业和政府呢?当然并不只是受到了美国《独立宣言》的鼓舞而已。

花森原本愿意相信日本企业的"造物"能力。和美国的《消费者报告》不同，花森等人所做的商品测评希望在改变消费者意识之前，在日本社会创造出"产品好就能卖得好"（《商品测评入门》）这种风气，且通过它，把失去初心的企业带回"全力以赴做出好商品"的正道上来。这是他们所怀的心愿。事实上，煤油炉也好，电冰箱也好，这些曾被《商品测评》栏目毫不留情地批评过的商品，其质量确实迅速得到了改善。

令人感到讽刺的是，在步伐迅猛的经济高速增长过程中，从水俣病开始，工业废弃物、汽车尾气、光化学污染等公害，转眼之间就超过了"人类群居生活的极限"（《瞧吧！我们一分五厘的旗》），其中也有花森等人的"贡献"（据《生活手帖》第二代主编宫岸毅所说，有一天，索尼公司的盛田昭夫出现在编辑部，说到，"日本制品能够达到世界一流水平，原因之一就是商品测评"）。

尽管如此，企业和政府却不愿意坦率地承认事实，而是含糊其辞，不停地逃避自己本应承担的责任。就像战争时期发生过的那样，照这样下去，就连一路猛冲做了商品测评的我们也不得不成为共犯。假如同样的错误连犯两次，就真的太遗憾了，必须趁现在做点什么。无论是对日本还是对自己而言，剩下的时间已经不多了。

越是这样想，花森的口吻就愈发激烈。而且，《生活手帖》也迎来了创刊后的第100号，发行量一路增长。他虽然高兴，可是另一方面他也感到，以战败后日本人贫乏的日常生活为前提所创办的《生活手帖》，以及采用的种种手法，包括《商品测评》这一标志性栏目在内，已经与经济高速增长这一现实渐渐地产生了分歧。

除了企业，消费者的意识也发生了方向性的变化，从因需购买，变成了明明没有需要可是"总之想买点'什么'，不买便会有种遭受损失的失落感"（《商品测评20年的推移》）。话虽如此，在这一点上，花森似乎也不例外——喜欢新奇事物，喜欢机械，从新的照相机或是8毫米摄像机，到刚刚发售的便携式电子游戏机，一定都要当场买下。

在这里回归初心，重整姿态。

20世纪50年代以"逆流"为契机，杂志曾经重整姿态，通过更改名称使杂志的意图更为鲜明。可是这个方法已经不能再用了。该怎么办呢？不改变杂志名，取而代之的是在出版一百期之后终结"1世纪",之后以"2世纪"为名,用新时代让杂志重生。我认为这不是他在深思熟虑后做出的决断。恐怕是在某个瞬间,这样一个想法闪现在了他的脑海里。

当然,他的内心肯定也很焦虑。不管怎样,像是"人类群居生活的极限""让我们回归(那个)极限"(《瞧吧!我们一分五厘的旗》),花森将自己的怒气集中发泄到了公害上,之后,他继续将热情投入到杂志的工作中。我来列举一些他在这一时期写的代表性文章:

《未来是灰色的》(1972年)

《痛恨二十八年来每一天的歌》(1973年)

《时间已经所剩无几》(1974年)

《国家铁路——最大的暴走族》(1975年)

《我已不再投票》(1976年)……

下文引用的一段文字并非来自上述文章,而是此前在简略年表中提到过的散文《你也好,你这家伙也好,都给我听着》中的一段。这篇文章刊登在《文艺春秋》1972年3月号上。从中能够清楚地读到当时花森所怀的是哪种紧迫感：

近来，我们如果不能转变思想，一切将变得无法挽回。"保护国家"这类说法，已经没有意义了。

"地球"才是我们不得不保护的对象。

假如别国攻打过来，我们该怎么办？

我们祖国的山河该怎么办？

那家伙为什么唠叨个没完？如果真要说的话，难道不应该说"地球母亲"该怎么办吗？

更何况，一边大声疾呼着反战啦反对战争之类，一边准备用燃烧瓶和炸弹来开战，真是细胞构造十分奇怪的生物。

这些革命理论已经是十九世纪的东西了。太老了。不再通用了。没有意义了。……

说实话，我远远等不到地球崩溃的那一天就会死亡。不可能亲眼见证二十一世纪的到来。……

可是，那些比我年轻得多的人能。

假如世界上继续发生这样的事情,你们恐怕会和地球一起灭亡。那一天,你将不得不面对。

令你们遭遇这样的不幸,这责任分明是在我们身上。

很明显,这内容并非基于特定的理论或是思想体系。

花森最怕那些用生硬翻译的汉字词汇组成的井井有条的理论。他一向如此,特别是在战后,他开始有意识地抗拒被他人编织的理论和思想体系所束缚或摆布。实际上,除了早川推理系列,以及工作中无论如何都要用到的书籍外,他几乎不怎么读书。

取而代之的,是他一直都从自己的实际体验出发进行思考,再用平实易懂的文章干脆地记录下独自探求之后得到的结论。因此他的语调和文章都带有强烈的个人风格,时而多愁善感,偶尔也显得过于纠缠细节。可是有时候也会如同锻炼得很灵活的头脑一样强而有力,《商品测评入门》等文章就是其中的典型。在这些文章里,花森的特点展露得很明显。

"这责任分明是在我们身上。"

用现在的眼光看，很可能会认为这只是进步派知识分子没有实际意义的结束语。

可事实并不是这样。

在这句话当中，我们可以感受到他在战后不久所做的"被缓刑的战犯"发言的回响。如果日本再次陷入最糟糕的地步，自己会采取什么行动？战后三十多年间，花森终于没能逃脱这个疑问。当时的他，预想过的最糟糕的事态就是"战争"。可是，这个最糟糕的事态尚未消失，又有一个完全没有预料到的"公害"加了进来。人们把商品测评的时代抛到身后，渴求丰厚物质的心情日渐高涨，这就事与愿违了。

难道我又错了吗？事到如今，可能已经太迟了。可是如果现在不做些什么，就会和战败后的数年间一样——"七十年代也会变成'幻觉的时代'"（《瞧吧！我们一分五厘的旗》）。

在令人感觉陈词滥调的发言背后，他已经走投无路了。

战斗到最后一刻

时间到了 1978 年 1 月 14 日。

前一年的 11 月 29 日,花森的身体垮掉,住进了东京都内的医院。酒井宽在《花森安治的工作》里写到,12 月 20 日,他可以在"圣诞节暂时出院",完成了第 2 世纪第 52 号的封面。按照土井蓝生的话,是因为孙辈们要从大阪来,恳请医院让他回家。

"他瘦了很多,看起来很疲倦。即使这样也仍然迁就着我们,陪着去买玩具,一起去吃饭。我看着他走路的身影,总觉得不太放心。我想,会不会有什么事啊,也许时间不多了。"

就这样过了新年,到了 1 月 12 日的夜晚。花森在四天前患上了感冒,他不顾发烧,在生活手帖社自己的房间里校正了《关于人的手》这篇文章。他告诉大桥镇子,自己修改完这篇以后,14 日就会回去住院。这是一篇随笔,说的是在 1960 年,当时的日本社会党委员长浅沼稻次郎遭到右翼少年刺杀。以此事为契机,小学开始禁止使用小刀,在教室里放置了削铅笔器。文章认为，这么一来，学生们在学校里体验到的手工技术，往大了说就是对人的感觉，都被打乱。

"写得不太好啊。"

他在校正结束之后，对有事前来编辑部的《每日新闻》的记者增田玲子说了这么一句话。

发烧影响到气管，他的呼吸很不顺畅。河津一哉说，见他太不舒服了，便帮他用手揉了揉，发现"水肿得很厉害"。为此他不得不提早回家。这时，他像往常一样用手扶着年轻的唐泽平吉的肩膀准备下台阶，却又改变了主意：

"今天算了，我自己下去。"

唐泽说，"于是他抽回手，独自一步一步走下楼"。唐泽和大桥还有当时在场的社员们一起，把他送到了玄关。

"套上鞋的花森先生，突然转身，微微低头行礼：

'谢谢大家。'

'干吗呀，真是，您不用这样……'

镇子女士挥了挥手，好像要把那句话和行礼一起挥走……花森先生微笑着摆了摆手，出了玄关。"（《花森安治的编辑部》）

第二天 13 日是周五，花森在位于南麻布的自家公寓里休养。他说想吃寿司，傍晚，镇子便去银座他常去的寿司店买了散寿司给他送去。花森走到玄关来拿，分别的时候屡次挥手。之后他回到床上静静躺着，到了半夜因为"呼吸不畅"而来到客厅，百代夫人为他摩擦背部，他说"感觉好了一些"，顺势坐在了客厅的沙发上。然后，在 14 日凌晨一点半，百代夫人走开了一会儿，之后再次查看时，发现花森已经停止了呼吸。

就这样，花森安治去世了，享年六十六岁。死因仍然是心肌梗死。

晚年的花森安治曾经说过，"我是记者中的无名鼠辈。我确信，直到最后一刻，我都会握着写稿的蓝笔，和用来校对的红笔"（《未来是灰色的》）。他经常说这种话。就像这话里说的那样，他直到"最后一刻"也是握着红笔死去的。有一种"弁庆往生"的感觉。

据蓝生说，花森曾经担心过，自己死后《生活手帖》会变成什么样，他想过早晚要把名人的随笔都停掉，变成一本让全体编辑自己写文章、拍照片的杂志（因此还对部员们进行了猛烈的训练)。他也动过请松田道雄来指导的心思。可是却没留下任何与之有关的遗言。

尽管没有遗言,花森平日里常说"不要给我办盛大的葬礼,我死掉的话就在飞机上把骨灰撒掉"之类的话。社员们聚在一起商量后,选择在1月16日正午,在生活手帖社二楼的大工作室里为他举办无宗教的"告别仪式"。

《每天星期日》的专栏文章《告别之时……》里曾写到,他们从殡葬服务公司订来了黑白的帷幔、接待用的帐篷和会场的坐垫,除此之外的一切都是社员们亲自动手制作的。祭坛中央的木札上也仅仅写了俗名而没有写戒名,没有烧香。除了社员和曾经的社员之外,大约来了四十名友人,会场里播放的是花森喜欢的英国民谣《绿袖子》。一点后的吊唁大约有一千人蜂拥而至,一共发出去八百五十杯甘酒。

规模上或许有差异,一个集团为实现共同的目的(宗教、政治、社会、艺术等)而行动,这就是运动。《生活手帖》所做的运动,始终没有形成这样的集团规模,或者说抗拒着集团这一形式,自始至终都是花森一个人的运动。无论结果是好是坏,他是只会这样行动的人,在他留给大家的印象当中这一点十分强烈。

在花森安治去世之后,《生活手帖》经由留下来的人和新人之手继续发行。现在也在继续发行。可是很明显,作为花森安治这位古怪的编辑家个人行为的《生活手帖》,已经随着他的去世走向终点。

后记

花森安治对我来说是和父亲同辈的人物。虽然我们生活的时代重叠了四十年左右,可是我既没有见过他,也没有和他交谈过。母亲有时会买《生活手帖》,因此我从中学时起,就对这本杂志洋溢的通透而明快的风格感到十分亲切。

也是在同一时期,我第一次接触到了花森那极富魄力的风貌——大大的青蛙似的脸,还有烫成卷的长发。

当时家里还没有电视,父亲是上班族,我应该是看到了他带回来的《周刊朝日》上刊登的照片。只是当时,我把烫发的中年男性当作滑稽的怪物。想当初我应该也是十分惊讶的,毕竟这个大叔不仅烫了卷发,据说还会身穿短裙呢。

可是伴随着成长,这样的我,也逐渐地明白了一点——

花森真正发挥"魄力"的地方,其实并不是在"女装"这些方面,而是在那本读起来十分妥帖的《生活手帖》杂志上。

每一期,他都会实名和匿名写很多文章,插画、艺术字、照片、排版,甚至连报纸上或悬挂在电车车厢内的广告,都是由他亲自完成的。

仅从这一点来看,花森安治就不是一个普通的杂志主编。

而且,他从1948年创刊,到1978年去世的三十年间,一直波澜不惊地持续完成这些节奏紧张的案头工作,终于把《生活手帖》做成了发行量百万的著名杂志。并且这还是日本第一本原创的大型视觉杂志,开创了从商品测评到料理文章的写作方式。如今的女性杂志和生活方式杂志,无论有意还是无意,都多少受到了这本杂志的影响……

这样一写,你就明白了吧?翻开现代日本出版史,这样的杂志主编,在花森安治之前不曾出现过,现在也没有,恐怕今后也不会再出现了吧。

可是话虽如此,至今为止,我们对他本人和他工作的关心程度,远远配不上花森在第二次世界大战后为日本所做的这些事情。

理由有很多,我认为其中最大的一个原因,是花森从未积极地讲述过自己所做的这些工作。不仅如此,在旁人看来,他的嘴巴简直关得牢牢的。实际上他在1954年发行杂文集《颠倒的世间》之后,除了1971年出版的里程碑式的大开本散文集《一分五厘的旗》外,直到去世都没有再做一本属于自己的书。从这一点来看,他的沉默里有着清晰的意志。

曾经身为《生活手帖》老编辑的北村正之和中村文孝联合成立了小小的出版社。在2011年,为纪念花森一百周年诞辰而发行了《花森安治讽刺文集》,终于在这堵厚厚的沉默之墙上凿开了一个大洞。以此为开端,他们把花森生前发表的大量文章和采访,以及座谈会的记录等,接二连三地汇编成书。按照时间顺序依次阅读这些文章,花森安治的变化就清晰地呈现在了眼前。多亏了他们,我才能写出这本书。我十分感谢两位的毅力和努力。

这本书是六年间我出版的第三本传记——

杰罗姆·罗宾斯(Jerome Robbins)、植草甚一,然后是花森安治。

三者都在第二次世界大战中度过了青春的后半段，战后他们分别作为音乐剧和芭蕾的编舞家、最新艺术和风俗的介绍者、百万级销量杂志的主编，都在广义的大众文化领域里取得了惊人的成就。在这六年间，我也有幸迈入了古稀之年。也是因为这样，我终于明白了一点——虽然我曾做过各种工作，但最后还是对这样人的怀抱着兴趣。

年岁渐长之后，人的行动便会渐渐迟缓。也是因为这方面的原因，在写罗宾斯（他在1998年去世，自然也见不到）和植草先生的传记时，我都没有和相关的人见面并进行采访。

可是这一次，我有一些无论如何也要弄清楚的事，所以包括从前在《生活手帖》编辑部工作的河津一哉先生，以及刚刚提到的北村正之先生，我都勉强他们配合了我的工作。再加上我做编辑时的作者唐泽平吉先生，这次虽没能见面，但花森在世时的三代编辑部成员的意见我都有幸听到了。

还有现在居住在松江的、花森先生的旧友三原浩良，以及他的友人、"风流堂"主人内藤守，我也想向这两位致敬。如果没有他们的帮助，我便无法像现在这样深入松江的街道。还有，继植草传之后，这次也得到了世田谷文学馆矢野进先生（现工作于世田谷美术馆）的帮助，参考了他制作的年谱。在这里我也想一并感谢生活手帖社的平野美乃里女士，本文还在杂志连载时就曾经麻烦她提供资料。

尤其感谢花森安治的独生女土井蓝生女士——

通过与蓝生女士的多次见面，花森安治鲜活的形象第一次清晰地浮现于我的脑海。这里并不是说蓝生女士很像花森安治，我的意思是，蓝生女士作为住吉国民学校高我一个年级的前辈，又和我在同一条街道上体验过川崎大空袭，有她站在我和花森安治之间，我才终于建立起这种感觉——之前感觉十分遥远的花森安治，原来和我是同一时代的人。

假如独自来写这本书，我能否写到这里呢？从找到文笔磕磕绊绊的我来写花森安治，到搜集资料，如果没有编辑部寿津真砂子女士的帮助，也许无论如何我都无法完成这本书。因此，这不是我一个人的书——除去多余的感怀，这是我现在想说的。

还有最后一点——

在20世纪的昭和年间,对于普通人来说,接连经历战争、革命、经济不景气,在这样的时代光是活着就已经很艰难了。在21世纪的今天也是一样。

关于战争,在本书中我已经详细写过了。无论如何,在那场战争下,年轻的花森犯下了无法抹去的巨大错误。不是我要这么想,而是花森自己清楚地有着这样的自觉。

人在犯过错误后依然要生存,也只能选择生存。可是除此之外还能做些什么呢?那就是绝不向将日本人的生活从内部或外部破坏殆尽的那股力量妥协,具体来说就是绝不参与战争,不成为公害,并且尽全力抵抗它们。这是花森在犯过一次错误之后重新选择的道路。

战后的花森安治不再信任政府、政党、大企业、大学等组织,也有意识地抗拒那些在国家和革命运动背后推波助澜的、具有排他性的"主义"。他和自己培养出来的为数不多的编辑部成员,一起固守在《生活手帖》这座城堡里,终生行走在这条道路上,分毫不差。他的毅力令人惊讶。从这一点来说,这样的杂志主编,除了他之外没有别人。

人总是会犯错,但不是犯了错就完蛋了。犯过错之后如何继续生活下去，从这一点能够看出一个人的真实面貌。无论在花森生活的时代，还是在我生活的时代，都是一样的。在今后的时代一定也是一样的。

二〇一三年十月五日

津野海太郎

跋

在读津野海太郎先生的《改变日本生活的男人——花森安治传》时,有件事令我一惊。

我从书中得知,花森安治出生于1911年的10月25日。而我的父亲出生于1911年11月2日,他们俩相隔仅一周左右。

说到1911年,一年之后就是明治时代的最后一年(即明治四十五年)。1912年7月30日明治天皇驾崩,年号变成了大正。花森安治和我的父亲虽说都是出生在明治年间,实际上却成长于大正年间。相比明治时代的孩子,他们更像是大正时代的孩子,也就是在所谓的"大正摩登"中度过了幼年时代。把他们放到这个时代背景里思考会比较容易理解。

大正时代只有短短的十四年零五个月,花森安治和我的父亲都是从十多岁时起,在"昭和摩登"盛放的骄傲中成长起来的。在美术方面,正是从新艺术派到艺术装饰风格的全盛时期。杂志《新青年》受到了年轻群体的热捧,无声电影开始朝有声电影转换。摩登男孩和摩登女孩在银座昂首阔步……

花森安治在松江,我的父亲在东京,虽然地点不同,但他们都恣意呼吸过"昭和摩登"的空气。

我不想在这里故弄玄虚,因为当时我还没有出生,对于"昭和摩登"的依恋几乎可以说是一种"乡愁"。从小时候到现在,一直都是。

我们家虽然不是每一期的《生活手帖》都很爱读,可有时候——比如想要买煤油炉的时候——就会买一本《生活手帖》,参考上面的商品测评。

我还是个孩子时,首先是被帅气的艺术字所吸引。既朴素,又潇洒而摩登。没有装模作样,也不会过度矫饰,却流露出一种高级感。

我在十几岁时,曾经沉迷插画家中原淳一主持的《向日葵》《小向日葵》等杂志。这些杂志的内容主要是年轻女性的时尚，它们风格甜美、华丽，可还是中原淳一时髦的插画和花体字最能抓住少女的心。

编辑、插画、文章、花体字、排版，都受到主持人的左右——从这层意义上来说，《生活手帖》和《向日葵》，对于当时的我来说是两大独裁的杂志。杂志整体形成了一个"人格"。

这一点对我的影响非常大。很不好意思地说，我自己也曾亲手尝试过制作杂志（类似杂志的东西），是把稻草纸装订在一起，很粗糙。

《生活手帖》中，令我印象最为深刻的是类似《背包推荐》的特辑。当时（20世纪50年代末到60年代初？），成年女性中的主流是用手挽着手包，只有极少部分人会使用单肩背包。《生活手帖》用普通人作为模特（女编辑？），演示了各种背包的功能和实用性。

在特辑刊登的数年之后，背包成为时尚，风靡一时。

（中原淳一出生于1913年，也就是说比花森安治和我父亲小两岁，也可以说他们是同一个时代的人吧。）

真不好意思。出于怀念，写的尽是我自己的私事。这本《花森安治传》，其实非常详尽且细致，是一本作为"读物"来说十分有趣的传记。

花森安治其人，是一类奇人。他长着一副怒容，有着"鬼瓦"这样的昵称，刘海整整齐齐地剪成一条直线，还把长发烫卷。虽然也会身穿长裤，可是也穿短裙。这当中有着他自己的考虑。这是一种义务——他自己首先要成为《生活手帖》的广告塔，抑或是从学生时代开始就有异装的兴趣？

针对这一点，津野写道，"身着异装的动机和目的各不相同，其中也有花森的老朋友今和次郎那样的人——日常生活自不必说，就连去大学讲课和出席婚礼葬礼等，也都只穿休闲夹克衫"。看到这里我恍然大悟。我也是今和次郎的粉丝。

今和次郎年长花森十三岁，是一位民俗学者，确实，他脚上穿的也不是皮鞋而是帆布鞋。他不像是个学院派的人，却留下了《考现学》这本书，书中细致缜密的调查和分析令人哑然——原来是这样一个权威人士。（电影《帝都物语》里，伊藤正幸扮演了今和次郎的角色。）

对了对了，花森安治在自己的学习经历当中——神户三中→旧制松江高中→东京帝大美学美术史专业——与各种才子的相遇也令人感兴趣。富士正晴、田宫虎彦、杉浦明平……花森安治身上果然有种强烈的磁场，能够吸引同样有才能的人。

他和那位著名的平面设计师——佐野繁次郎的相遇也很重要。可以说，如何高效地处理艺术字这一点，他是从佐野那里学到的。

我也长期对花森安治怀有疑问，关于他在战争时期的举动。

他莫名其妙地经历了战场，但半途而废，回到日本，想出了那句著名的宣传文案——"奢侈就是敌人！"。

那时国内颁布了国家总动员法，街角竖起了宣传板，写着"奢侈就是敌人！／日本人绝不应该奢侈！"。

当我知道这宣传语来自花森安治，并且，在那之后他还继续在恶名远扬的大政翼赞会宣传部工作——当我知道这些事实后，年轻的我曾感到十分失望——"那位花森安治也委身于潮流，煽动了国民啊"。

可是根据这本《花森安治传》中的记述，事情并不是那么单纯。"奢侈就是敌人！"确实是花森安治想出来的，可是作者认为，接在后面的"日本人绝不应该奢侈！"可能是其他人加上去的。

战后的花森这样说过："我确实犯下过战争罪。""从今往后，我绝不会第二次受骗，也会去让更多的人不再上当。看在这一决心和使命感的份上，我想，过去的罪行至少能获得缓刑吧。"

这话语是率直的，没有伪装和谎言。

并且，"奢侈就是敌人！"虽然瞄准的是在战争时期提升昂扬战意的效果，对于花森安治来说，这也是一句顺从自己的兴趣和嗜好、十分自然的话语。他一向厌恶杂乱无章的装饰趣味，以及用钱来说话的趣味。从这一点来说，花森安治在战前、战争中和战后都保持了一致。

像这种带有同情的看法也是成立的。

在战后没有"物资"的时代，花森安治提倡将浴衣改造成简易服装，提倡直线剪裁的洋装等，他向普通人的家庭宣传了真正的时髦理念。

生活手帖社从新桥附近银座八丁目大楼的一个房间开始，发行的杂志《生活手帖》后来销量达百万册。

我生活在杂志行业里，对于一百万这个发行量不得不报以惊叹。特别是在今天，杂志的销量正因为互联网的普及而日渐低下。

《生活手帖》中，我一直爱读大桥镇子写的简短的专栏——《给优秀的你》。其中不围着金钱打转的时髦，从另一个方向鼓动了我热爱时尚的心。花森安治和大桥姐妹的相遇，是何等偶然的幸运啊。

我不得不这样想——一本好杂志，必定来自人和人之间好的相遇。

二〇一六年一月

中野翠（专栏作家）

参考文献

全书参考文献

　　花森安治著作

《服饰读本》,衣裳研究所,1950年

《生活的眼镜》,创元社,1953年

《风俗时评》,东洋经济新报社,1953年

《颠倒的世间》,河出书房,1954年

《一分五厘的旗》,生活手帖社,1971年

(以下为去世后出版)

《花森安治讽刺文集》(全三卷),LLP Bookend,2011年

《花森安治集》(全三卷),LLP Bookend,2012年至2013年

《社会时评集·花森安治·昨日今日》,LLP Bookend,2012年

传记等

酒井宽：《花森安治的工作》，朝日新闻社，1988年

唐泽平吉：《花森安治的编辑部》，晶文社，1997年

大桥镇子：《〈生活手帖〉与我》，生活手帖社，2010年

马场诚：《花森安治的青春》，白水社，2011年

《生活手帖保存版1·300号纪念特别号》，生活手帖社，2002年

《生活手帖保存版3·花森安治》，生活手帖社，2004年

世田谷文学馆"花森安治与《生活手帖》展"图鉴，2006年

各章节参考文献

序 《生活手帖》诞生的街

柴田炼三郎：《妖怪数学家：花森安治》，《别册知性》1956年11月10日号

大桥镇子访谈《〈生活手帖〉与半世纪》，《编辑会议》2002年10月号

和平博物馆创立会编著：《银座与战争》，和平画廊，1993年

小泽信男：《小说昭和十一年》，三省堂，1969年

第一章 我要当编辑

花森安治:《一支钢笔》(收录于《我的思索,我的风土》),《朝日新闻》1972年6月

杉山平一:《旧制松江高中》(收录于《我的败走》),编辑工房诺亚,1989年

杉山平一:《采访·说说花森安治》(收录于《诗与生存的形式》),编辑工房诺亚,2006年

杉山平一:《我遇见的人》(收录于《巡航船》),编辑工房诺亚,2009年

淀川长治:《淀川长治自传》,中央公论社,1985年、1986年

足立卷一:《亲友记》,新潮社,1984年

花森安治:《我这个人》(收录于《颠倒的世间》),河出新书,1954年

朝日新闻社松江支局编著:《旧制松高物语》,今井书店,1968年

第二章 神户与松江

村山知义:《构成派研究》,中央美术社,1926年

原弘:《新活版术研究》(内部出版物),1931年

高见顺:《昭和文学盛衰史》,文艺春秋新社,1958年

朝日新闻社松江支局编著：《旧制松高物语》，今井书店，1968年

田所太郎：《在松江高中的日子》（收录于《战后出版的系谱》），日本编辑学校出版部，1976年

第三章 帝国大学新闻的时代

花森安治：《我这个人》（收录于《颠倒的世间》），河出新书，1954年

井伏鳟二：《荻洼风土记》，新潮社，1982年

青山光二：《纯血无赖派生活的时代》，双叶社，2001年

杉山平一：《我的败走》，编辑工房诺亚，1989年

田宫虎彦：《从泷川事件到二二六》（收录于《年轻的心在流浪》），光文社，1959年

扇谷正造：《反俗汉·花森安治的秘密》，《文艺春秋》1957年10月号

杉浦明平：《三春易过》，河出书房新社，1974年

杉浦明平：《帝大新闻时代》《关于田所太郎》（收录于《明平，与歌与人相遇》），筑摩书房，1989年

朝日新闻社松江支局编著：《旧制松高物语》，今井书店，1968年

内藤千代荣：《憧憬不良少年》，《朝日新闻》大阪版，1966年6月14日

泽开进：《花森安治论》，《每日情报》1951年7月号

高濑广居：《现代男性论1·花森安治》，《人与日本》1973年7月号

第四章　用化妆品改变世界

田所太郎：《出版的先驱者》，光文社，1969年

周刊朝日编著：《物价史年表·明治大正昭和》，朝日新闻社，1988年

林哲夫：《年谱》（收录于《佐野繁次郎装帧集成·以西村收藏为中心》），MIZUNOWA出版，2008年

和田博文：《名为资生堂的文化装置：1872—1945》，岩波书店，2011年

多川精一：《广告不是我们终生的工作》，岩波书店，2003年

第五章　受召入伍

马场诚：《花森安治的青春》，白水社，2011年

花森安治：《一张红纸》，《文艺春秋》1956年4月号

花森安治：《瞧吧！我们一分五厘的旗》，《生活手帖》1970年10月号

花森安治、池岛信平、扇谷正造：《原一等兵的再军备观》，《中央公论》1952年11月号

花森安治：《不要说谎》，《周刊读卖》1954年11月21日号

安冈章太郎：《我的昭和史I》，讲谈社，1984年

唐纳德·基恩：《百代之过客：从日记中看日本人》，朝日新闻社，1984年

与松田道雄的对谈《医生、军队、战争与保险》，《生活手帖》1971年10月号

第六章 奢侈就是敌人

和田博文：《名为资生堂的文化装置：1872—1945》，岩波书店，2011年

读卖新闻大阪社会部：《我们究竟做了些什么》，讲谈社，1978年

井上寿一：《遍地理想的战时日本》，筑摩新书，2013年

竹内好：《中国与我》，《未来》1969年2月号

井上雅人：《洋装与日本人——国民服的流行》，广济堂出版，2001年

安田武:《大政翼赞会文化部长的椅子》(收录于《战争文学论》),劲草书房,1964年

杉森久英:《大政翼赞会前后》,筑摩文库,2007年

岸田国士:《世界的文化根基》(收录于《岸田国士全集25》),岩波书店,1991年

第七章 战争结束前的日子

川崎市公文书馆:《川崎空袭·战灾的记录》,川崎市,1974年

杉森久英:《花森安治的青春与战争》,《中央公论》1978年6月号

福原麟太郎:《那个年月》,吾妻书房,1970年

读卖新闻大阪社会部:《我们究竟做了些什么》,讲谈社,1978年

盐泽幸登:《"平凡"物语》,河出书房新社,2010年

第八章 从谷底再次出发

花森安治访谈《对于我们来说8月15日意味着什么》(收录于《一亿人的昭和史4》),每日新闻社,1975年

野间宏:《座谈会·我的文学,我的昭和史》,筑摩书房,1973年

土井蓝生:《一些回忆:父亲花森安治》(收录于《花森安治讽刺文

集1》），LLP Bookend，2011年

《花森安治的"一分五厘"精神》，《周刊朝日》1971年11月19日号

大桥镇子访谈《杂志是时代的镜子——〈生活手帖〉》，《编辑会议》2004年5月号

大轮盛登：《巷说出版界》，日本编辑学校出版部，1977年

田所太郎：《神田村》（收录于《战后出版的系谱》），日本编辑学校出版部，1976年

森毅、鹤见俊辅：《让人生摆脱无聊的知识》，编辑Group SURE，2009年

第九章 女装传奇

《人物速拍》，《改造》1951年5月号

大田信男：《记者的"战友"》，《文艺春秋》1991年2月号

池岛信平：《我的人物评·花森安治》，《日本经济新闻》1954年10月26日

谈话专栏《狐狸问答》，《每日新闻》1953年

河盛好藏：《穿"女装"的正常人》，《周刊读卖》1956年5月15日临时增刊

河合秀和、古谷网正对谈《花森安治有没有改变"生活"》,《诸君》1978年4月号

土井蓝生访谈《与父亲花森安治度过的岁月》,《文艺别册·花森安治》,2011年

三枝佐枝子:《〈生活手帖〉改变生活方式》,《东京人》2000年1月号

藤原房子等:《花森式生活学的四十年》,《东京人》1986年7月号

泰戈尔:《日本纪行》(收录于《泰戈尔著作集10》),第三文明社,1987年

埃里克·吉尔:《服装论》,创元社,1952年

今和次郎:《穿休闲装的四十年》,文化服装学院出版局,1967年

第十章 拒走回头路

户板康二:《我的交游记》,三月书房,1980年

矢野诚一:《户板康二的岁月》,文艺春秋,1996年

第十一章 商品测评和研究室

河津一哉"生活与设计:《生活手帖》花森安治的世界展"展览演

讲，岛根县立美术馆，2012年

森茉莉:《花森安治与森茉莉》,《周刊新潮》1984年4月5日号、5月3日号

第十二章　进击的编辑术

河津一哉:《泼水之争》(收录于《生活手帖保存版3·花森安治》)，2004年

《花森安治宅邸无力抵抗火灾》,《周刊新潮》1966年2月26日号

长部日出雄:《为愤怒点火的人·花森安治》,《朝日艺能》1968年3月17日号

斋藤美奈子:《女性杂志探险队4·生活手帖卷》,uno！1997年3月号

本多光夫等:《花森式生活学的四十年》,《东京人》1986年7月号

第十三章　对日本人生活的观察

松田道雄:《与花森安治的交往》,《每日新闻》1978年1月20日

松田道雄:《热爱日常》，筑摩书房，1983年；平凡社图书馆，

2002年

花森安治访谈《第二十二年的"战争体验"》,《新潟日报》1968年8月12日

第十四章 战斗到最后一刻

丹羽文雄:《认真的生活感》,《读卖新闻》夕刊,1972年2月1日

井伏鳟二:《探索获奖者》,《读卖新闻》夕刊,1972年2月3日

河津一哉"生活与设计:《生活手帖》花森安治的世界展"展览演讲,岛根县立美术馆,2012年

宫岸毅:《持续观察日本人生活的55年》,*Sizo* 2002年10月号

花森安治访谈《商品测评20年的推移》,《朝日新闻》1969年4月16日

《告别之时……》,《每天星期日》1978年2月5日号

花森安治年谱与著作

以矢野进编著的年谱（收录于世田谷文学馆"花森安治与《生活手帖》展"图鉴）为基础，本书以事项为中心进行摘录，加入了重要的事件及文献。

◎为花森执笔（不包括在《生活手帖》中发表的文章）

●为对谈或座谈会

1911 明治四十四年 10月25日，出生于神户市须磨平田町，是六个孩子中的长子。父亲恒三郎是贸易商人，母亲吉野是小学老师。

1919 大正八年（8岁） 11月，神户市熊内町（现中央区）的家被火灾烧毁。

1924 大正十三年(13岁) 3月,从云中寻常高等小学毕业。在云中小学与田宫虎彦同级。4月,入学神户三中。淀川长治比他高一个年级。当时用九毫米半胶片自编自导自拍影片,并且自己写了长篇剧本。

1927 昭和二年(16岁) 沉迷《新青年》杂志上刊登的侦探小说,在神户元町的铁路桥下寻找《海滨杂志》《潘趣》《纽约客》等二手杂志。

1929 昭和四年(18岁) 3月,从神户三中毕业。在高中入学考试中落榜。在神户大仓山图书馆中读到平冢雷鸟的《发自圆窗》,深受女性解放论的感动。

1930 昭和五年(19岁) 4月,入读旧制松江高中。夏天,母亲去世(享年38岁)。当时,与田所太郎(后来担任《日本读书新闻》的主编)共同担任电影院"松江俱乐部"电影鉴赏会的负责人,编辑电影简介。

1931 昭和六年(20岁) 加入文学部。田所太郎也成为编辑部成员。

1932 昭和七年(21岁) 7月,担任第二十期《校友会杂志》责任编辑。为杂志写诗,也做排版工作。

1933　昭和八年（22岁）　3月，从松江高中毕业。4月，进入东京帝国大学文学部美学美术史专业。加入《帝国大学新闻》编辑部。编辑部成员包括田宫虎彦、扇谷正造、杉浦明平、冈仓古志郎、田所太郎等人。夏天，与松江的和服批发商家的小女儿山内百代相遇。

1935　昭和十年（24岁）　因《帝国大学新闻》插画和稿件委托等缘由结识佐野繁次郎。10月18日，与山内百代在日枝神社举办了婚礼。随后在牛迂箪笥町深处租来的房子里开始了新生活。

1936　昭和十一年（25岁）　还在学校时，开始在佐野负责制作广告的伊东蝴蝶园（后来的巴比利欧）工作（月薪五十五日元），帮助其制作广告和宣传杂志。12月26日，在举办婚礼一年后递交了结婚登记表。

1937　昭和十二年（26岁）　3月，从东京帝国大学毕业。毕业论文是《从社会学美学的立场看衣妆》。4月，长女蓝生出生。在征兵检查中获甲种合格。7月，日本侵华战争全面爆发。

1938　昭和十三年（27岁）　1月，受召前往中国东北。

1939　**昭和十四年（28岁）**　在战场患上结核，被送往陆军医院。4月，乘坐医疗船回国。在和歌山的陆军医院疗养，在从军手帖上记录下了病床上的所思所想。

1940　**昭和十五年（29岁）**　解除兵役。回到伊东蝴蝶园。在川崎市井田租房，开始了亲子三人的生活。12月，与佐野繁次郎共同编辑出版《妇人生活》（生活社）。之后发行了同系列的书籍共五册，最初计划发行十册。这成为后来《生活手帖》的雏形。开始与摄影师松本政利交往。

◎以"安井半太郎"为笔名，发表《和服读本》，刊登于《妇人生活·第一册》（生活社，12月刊）

1941　**昭和十六年（30岁）**　春天，接受大学新闻报前辈的邀请，前往日比谷旧国会议事堂前的大政翼赞会实践局宣传部工作。杉森久英当时在兴亚局策划部。太平洋战争爆发。

◎《和服读本》，刊登于《妇人生活》丛书第二册《仪容读本》（生活社，4月刊）

1942　**昭和十七年（31岁）**　以大政翼赞会宣传部的名义执笔了宝冢歌剧团雪组的演出《光明的城镇，强大的城镇》。

◎《政治与宣传技术》,刊登于《宣传》5月号

◎《和服读本》,刊登于《住居与服装》(生活社,1月刊)、《生活的窍门》(生活社,6月刊)

1943 昭和十八年(32岁) 3月,再次被征召入伍,二十三天后退伍。与报道技术研究会的设计师山名文夫等人一起承担宣传工作。

1944 昭和十九年(33岁) 7月,升任大政翼赞会文化动员部副部长。部下包括后来设立了平凡出版(现 Magazine House)的岩堀喜之助、清水达夫等人。

◎《和服读本》,刊登于《布匹研究》(筑地书店,3月刊)

1945 昭和二十年(34岁) 4月,遭遇川崎大空袭。6月,大政翼赞会解散。花森一边耕种自家田地,一边参加战灾援护会。8月,日本战败。在朝日新闻社后面经营了一阵子咖啡店。投奔田所太郎担任主编的《日本读书新闻》,为其绘制插画等。编辑部成员中包括柴田炼三郎。

秋天,经田所介绍结识大桥镇子。年末,成立"青年文化会议",发起人中包括中村哲、瓜生忠夫、樱井恒次、长谷川泉,成员还包括川岛武宜、丸山真男、扇谷正造、杉浦

明平、田所太郎、野间宏、寺田透、杉森久英等人。

1946 昭和二十一年（35岁） 3月，花森担任主编、大桥镇子任社长的衣裳研究所，在银座西八丁目日吉大楼三楼成立。

◎设计集 Style Book（1946夏）第1期发行。至翌年夏天共发行五册

1947 昭和二十二年（36岁） 11月，父亲去世。受杉森久英委托，为《文艺》绘制封面。

◎《上班族的Style Book》发行。出版《服饰手工图案集·你的签名》（花森安治设计）、《服饰手工图案集·花图案集》（山名文夫设计）等

◎《装饰背心：少许布料即可完成的美丽时髦》，刊登于《妇人公论》3月号

1948 昭和二十三年（37岁） 9月20日，《美好生活手帖》创刊，社名从"衣裳研究所"变更为"生活手帖社"。当时，受东京美术学校的委托，进行服装设计的演讲。

◎设计集《首饰的实物大小纸样》、《全家人的内衣》（花森安治编）、《衬衫书》、《服饰手工图案集·草木虫鱼图案集》

(伊藤宪治设计)、《服饰手工图案集·可爱的图案集》(大桥正设计)、《图解外衣的缝制法》(八木沼贞雄著)由衣裳研究所发行

《美好生活手帖》第 1 期刊登了《直线剪裁的设计》《不对称设计》《自己可以制作的首饰》《服饰读本》,开始连载。

◎《不可思议的短裙乡愁——Oykot 市民值得羡慕的风俗》,刊登于 VAN 1 月号。

◎《小布包式的首饰》,刊登于《妇人朝日》3 月号

1949 昭和二十四年(38 岁) 《美好生活手帖》从第 2 号开始改为季刊。

◎《美丽首饰的使用方法》,刊登于《新女性全集·实用篇》,镰仓文库,1 月刊

◎《夏威夷衬衫的推荐》,刊登于《新青年》7 月号

1950 昭和二十五年(39 岁) 这一年,从川崎市的井田搬到了大田区调布的鹈之木町居住。《美好生活手帖》别册《居住手帖》(2月)、《美好房间手帖》(10月)由生活手帖社发行。在日本桥三越百货公司开展"生活手帖展"(12月9日至15日)。

◎7月，花森安治著作《服饰读本》由衣裳研究所（后来的生活手帖社）出版

◎《乌托邦之国的服装：未来生活风景·衣之卷》，刊登于《读卖评论》4月号

◎《说说中原淳一》，刊登于《妇人公论》4月号

◎《荒唐的风俗》，刊登于《潮流》12月号

1951　昭和二十六年（40岁）　5月发行《灵机一动的窍门手帖》（《美好生活手帖》临时增刊），7月发行《续·居住手帖》（《美好生活手帖》别册），8月发行《古今东西帖》（《美好生活手帖》增刊）。8月开始发行《着色画》《着色画练习帖》系列。

◎7月，花森安治著作《流行手帖》由生活手帖社出版（内容是对外国时装照片的评论）

◎《胃病与音乐》，刊登于《音乐之友》4月号

◎《占领给日本带来了什么·风俗篇》，刊登于《中央公论》10月号

◎《卖国奇谈——大人的拉洋片》，刊登于《全体读物》10月号

◎《讲和的秋季风格——美貌训》，刊登于《全体读物》11月号

◎《戏谑的精神》，刊登于《文艺春秋》11月号

●座谈会文章《从内部来看国会议员》（花森安治与自由党准备室侍者等），刊登于《日本评论》3月号

●座谈会文章《从内部来看一等旅客》（花森安治与东京铁路局乘务员等），刊登于《日本评论》5月号

●座谈会文章《斥责日本的生活》（花森安治与横山泰三、坂口安吾），刊登于《全体读物》7月号

1952　昭和二十七年（41岁）　从5月号开始，为中村汀女主办的俳句杂志《风花》绘制封面（包括题字）。之后，为每年的1月号绘制封面画。

2月发行《山中你的远空——主妇打扮自己的方法》（《生活手帖》增刊），5月发行《灵机一动的窍门手帖·第2集》（《美好生活手帖》增刊），10月发行《自己制作家具》（《生活手帖》别册）。

在日本桥三越百货公司举办"生活手帖展"（6月10日至22日）。首次在关西地区举办"生活手帖展"（12月6日

至 14 日，大阪高丽桥三越百货公司）。

◎《风景》，刊登于《风花》2 月和 3 月合并号

◎《生活的眼镜 1》，刊登于《小说新潮》4 月号

◎《求索租赁房——生活的眼镜 2》，刊登于《小说新潮》5 月号

◎《没有色彩的生活》，刊登于《画廊》5 月号

◎《傻瓜服装——生活的眼镜 3》，刊登于《小说新潮》6 月号

◎《未完成的旅行指南——生活的眼镜 4》，刊登于《小说新潮》7 月号

◎《食之极乐——生活的眼镜 5》，刊登于《小说新潮》8 月号

◎《夏季礼法改正草案——生活的眼镜 6》，刊登于《小说新潮》9 月号

◎《工薪族·女孩十诫》，刊登于《全体读物》9 月号

◎《那又如何——生活的眼镜 7》，刊登于《小说新潮》10 月号

◎《提高国风物志——生活的眼镜 8》，刊登于《小说

新潮》11月号

◎《莫名其妙之人的处世之道——生活的眼镜9》，刊登于《小说新潮》12月号

◎《关于最近的服装》，刊登于《女性教养》12月号

●座谈会文章《无题的座谈会》（花森安治与山本嘉次郎、今日出海、横山隆一），刊登于《全体读物》10月号

1953 昭和二十八年（42岁） 在港区东麻布开设"生活手帖研究室"。研究室的设计图由花森亲自绘制。从第22号开始将杂志名称变更为《生活手帖》。当时，森茉莉由妹妹小堀杏奴介绍，在生活手帖社的编辑部工作了半年。在札幌三越百货公司举办"生活手帖展"（6月18日至29日）。

◎1月，在《全体读物》杂志上，针对横沟正史的推理小说《湖泥》，与横山隆一、饭泽匡一起写了《解决篇》

◎4月，花森安治著作《生活的眼镜》由创元社出版。花森安治著作《风俗时评》（家庭文库系列）由东洋经济新报社出版

◎《"模范"的解决》，刊登于《全体读物》1月号

◎《艺术大学参观记》，刊登于《艺术新潮》3月号

◎《一件事·风花五周年大会记》,刊登于《风花》6月号(谈话)

◎《人工流行》,刊登于《群像》6月号

◎《教祖艺术》,刊登于《艺术新潮》6月号

◎《女性家畜说》,刊登于《小说公园》7月号

◎《答非所问》,刊登于《全体读物》11月号

◎《现代服装哲学》,刊登于《自由国民》55号

●对谈《德川梦声连载对谈:问答有用》(花森安治与德川梦声),刊登于《周刊朝日》5月10日号

●对谈《生活与艺术》(花森安治与敕使河原苍风),刊登于《妇人公论》10月号

1954 昭和二十九年(43岁) 从第25号开始,把生活中灵机一动想到的内容收集整理为《围裙笔记》。生活手帖研究室完成"KITCHEN厨房研究第一回"。第26号上刊登《日用品测评报告·第一回·袜子》(首次商品测评)。第26号的销量达到了三十万册。

◎5月,花森安治著作《颠倒的世间》(河出新书)由河出书房出版,版权页上的作者头衔为风俗评论家。

◎《飞机与电话》,刊登于《风花》1月号

◎《停止艺术节吧》,刊登于《艺术新潮》1月号

◎《勇敢的东施效颦——赞扬少女歌手》,刊登于《艺术新潮》2月号

◎《日本的独立派》,刊登于《艺术新潮》4月号

◎《只有女人的政治》,刊登于《妇人公论》4月号

◎《插画这种艺术》,刊登于《艺术新潮》5月号

◎《电影这种商品——关于〈地狱门〉》,刊登于《艺术新潮》6月号

◎《就这么算了吧》,刊登于《世界》8月号

◎《比漫画更进一步:漫画家诸君的奋起和希望》,刊登于《文艺春秋临时增刊·漫画读本》11月号

●座谈会文章《私设日本艺术院》(花森安治与伊藤整、德川梦声、横山泰三),刊登于《艺术新潮》7月号

●座谈会文章《民艺》(花森安治与栋方志功、福田丰四郎、剑持勇),刊登于《艺术新潮》8月号

1955 昭和三十年(44岁) 从花森的想法出发,由石垣绫子执笔的《主妇这一第二职业论》刊登在《妇人公论》上,

引发了所谓的"主妇论争"。

●座谈会文章《旁观者清纸上版——各式各样卷》(花森安治与扇谷正造、池岛信平),刊登于《小说公园》1月号

1956　昭和三十一年(45岁)　2月,凭借"为妇女家庭杂志开拓新形式而做出的努力",花森安治与《生活手帖》编辑部被授予第四届"菊池宽奖"。浦松佐美太郎的《诚实地"打破常规"》作为"获奖者小品"刊登在《文艺春秋》4月号上。

◎《世界上最早的服装美学》,刊登于《我的毕业论文》,同文馆,12月刊

●对谈《"好像"抨击论》(鹤见和子与花森安治),刊登于《妇人公论》3月号

●座谈会文章《男女共存的推荐——言论休战会谈》(花森安治与中屋健一、高峰秀子),刊登于《文艺春秋》4月号

●座谈会文章《杂谈空手道场·第一回》(花森安治与大宅壮一、中野好夫),刊登于《中央公论》4月号

●座谈会文章《民主主义的倦怠期——杂谈空手道场·第二回》(花森安治与大宅壮一、中野好夫),刊登于《中

央公论》5月号

●座谈会文章《潮流的潮流——杂谈空手道场·第三回》（花森安治与大宅壮一、中野好夫），刊登于《中央公论》9月号

●座谈会文章《电影是突然出现在片场的——从短篇电影、前卫电影、小型影院的近作谈起》（花森安治与饭泽匡、横山隆一、羽仁进），刊登于《艺术新潮》10月号

●座谈会文章《虽说是读书之秋……》（花森安治与布川角左卫门、相角敏夫、筱原敏之），刊登于《文艺春秋》10月号

●座谈会文章《开拓全新读者层的东京创元社版〈世界推理小说全集〉》（花森安治与江户川乱步、户板康二等），刊登于《出版文摘》214号

1957 昭和三十二年（46岁） 杂志从第38号开始，发行量突破了五十万册。当时，"电影院57"（敕使河原宏、羽仁进、松山善三、荻昌弘、川头义郎、草壁久四郎等八人组成的艺术实验电影小组）主办了花森电影欣赏会。欣赏会上播放了8毫米胶片拍摄的《奈良》《水坝》《时速90km的

风景》等作品。

当时，在日本桥三越百货公司举办了相册展。由花森安治设计封面的相册在展览中很快被售出。

◎《祝辞·风花十周年大会记》，刊登于《风花》5月号（谈话）

●对谈文章《花森安治连载对谈〈中近东之旅〉》（花森安治与藤山爱一郎），刊登于《艺术新潮》5月号

1958 昭和三十三年（47岁） 从第44号开始，《生活手帖》的封面变为照片。花森负责画面排版，松本政利负责拍摄。6月，因"《生活手帖》的独创做法"，社长大桥镇子获得美国育儿社的"育儿杂志奖"。

在《宝石》(8月号)杂志上，针对鲇川哲也的推理小说《蔷薇庄杀人事件》写了《解决篇》。这是江户川乱步的策划。

◎《文部省改革案》，刊登于《艺术新潮》7月号（谈话）

●座谈会文章《电影的未来》（花森安治与安部公房、羽仁进、碧川道夫），刊登于《艺术新潮》1月号

●对谈文章《解决本格作品不景气的方法》（花森安治与江户川乱步），刊登于《宝石》3月号

1959 昭和三十四年（48岁） 因时代的急剧变化，《生活手帖》出版过的五十期刊物全部宣告绝版。

8月，花森安治编著的《全家人的内衣》由生活手帖社再版。

1960 昭和三十五年（49岁） 57号的商品测评选择了煤油炉，英国阿拉丁公司的"蓝色火焰"获得第一名。

第54号刊登了石井好子的《巴黎的天空下煎蛋卷飘香》。

1961 昭和三十六年（50岁） 由花森命名并设计商标的鲜味调味料"INO一番"发售。

1962 昭和三十七年（51岁） 森村桂经朋友父亲清水一（建筑家、随笔家）的介绍入社，开始在编辑部工作。第67号的日用品测评内容是煤油炉测评第二弹。

◎《一本书》，刊登于《朝日新闻》3月15日

1963 昭和三十八年（52岁） 4月，石井好子的《巴黎的天空下煎蛋卷飘香》由生活手帖社出版。

10月，女儿蓝生与土井智生结婚，土井智生是松下电器公司松下幸之助的秘书。

1964 昭和三十九年（53岁） 12月，松田道雄著作《这

种时候母亲应该做什么》由生活手帖社出版。

1965 昭和四十年（54岁） 从第82号开始，将定价从160日元改为220日元。

在日本桥三越百货公司举办"飞騨高山展"。

◎《民主主义与味噌汤》，刊登于《中央公论》9月号。

1966 昭和四十一年(55岁) 2月，住房因失火而烧毁，搬至港区南麻布的公寓大楼。

7月，松尾昭典导演的《或许是我的错》（日活映画）上映。原作小说的作者是曾经在《生活手帖》编辑部工作的森村桂。宇野重吉扮演主编的角色，细川近子扮演社长，森村的角色由吉永小百合扮演。

11月，本杰明·斯波克的《斯波克育儿经》由生活手帖社出版。12月，在东京消防厅等部门的协助下进行的"火灾"测评，在第87号上刊登。第二年，在第89号上，《围裙笔记》的总数达到了一千项。

1968 昭和四十三年（57岁） 2月，围绕煤油炉在刚刚起火时可否泼水扑灭而产生的所谓"泼水之争"，在三鹰市的自治省消防研究所进行了公开实验，结果是

《生活手帖》获胜。

第 93 号上刊登了《如果煤油炉起火》。

8 月，第 96 号用整期篇幅制作了《战争中的生活记录》特辑。

1969　昭和四十四年（58 岁）　1 月，小岛信平、松本政利合著的《十二个月的家常菜》由生活手帖社出版。

2 月，在京都采访时因心肌梗死病倒。

4 月，《生活手帖》迎来了第 100 号，进入第 2 世纪。7 月，从第 101 号开始扩大开本，开始使用 A4 异型尺寸，发行"第 2 世纪第 1 号"。

8 月，生活手帖社编著的《战争中的生活记录》由生活手帖社出版。

◎《男人中的男人·二百六十日元亭主》，刊登于《文艺春秋》2 月号

1970　昭和四十五年（59 岁）　10 月，《瞧吧！我们一分五厘的旗》在第 2 世纪第 8 号上刊登。10 月，《身体读本 1》由生活手帖社出版。

1971　昭和四十六年（60 岁）　5 月，《身体读本 2》由

生活手帖社出版。

10月，花森安治著作《一分五厘的旗》由生活手帖社出版。

《周刊朝日》（11月19日号）上刊登了《花森安治的"一分五厘"精神——你呢？》

第2世纪第14号上刊登对谈《医生、军队、战争与保险》（松田道雄与花森安治）。

1972 昭和四十七年（61岁）《一分五厘的旗》获得第二十三届"读卖文学奖（随笔、游记类）"。

2月，生活手帖编辑部编著的《家常菜风格的外国料理》由生活手帖社出版。

8月，因为"为日本消费者，特别是主妇们被压制的利益、权利与幸福，提供了不凡的支持"，花森安治被授予"拉蒙·麦格塞塞奖"。

《说话特辑》4月号的《多重印象4·花森安治》中，收录了三十五人为花森安治撰写的评论。

◎《你也好，你这家伙也好，都给我听着》，刊登于《文艺春秋》3月号

◎《我的思索，我的风土》，刊登于《朝日新闻》6月13日至17日号

1973　昭和四十八年（62岁）　第2世纪第22号上刊登《乱世的征兆》。

第2世纪第24号上刊登了座谈会文章《一本正经的杂谈大会》（花森安治与入江德郎、高木健夫、古谷网正）。

1974　昭和四十九年（63岁）　1月，生活手帖社从银座迁至六本木。

4月，常原久弥著作《一皿料理》由生活手帖社出版。

1975　昭和五十年（64岁）　3月，大桥镇子编著的《给优秀的你》由生活手帖社出版。8月，第2世纪第37号上刊登《国家铁路——最大的暴走族》，展开呼吁新干线减速的宣传活动。新干线的冈山、博多区间开通。第2世纪第38号上刊登《在那台风下，东海道线的列车像往常一样通过了揖斐川的铁路桥》。

1976　昭和五十一年（65岁）　1月，泽村贞子著作《我的浅草》由生活手帖社出版。

1977　昭和五十二年（66岁）　12月28日，在编辑部

厨房的桌子上，花森表示希望在自己去世的当期杂志后记里写下遗言，请大桥镇子做了记录。

1978 昭和五十四年 1月14日，凌晨一点半，因心肌梗死去世，享年66岁。利根山光人为其遗容侧脸作了速写。1月16日，在港区东麻布的生活手帖研究室举办社内葬礼。编辑部成员亲手制作了祭坛和会场，最后由全员朗诵了花森写在《生活手帖》封二的寄语，"这是属于你的手帖，内容包罗万象"。

未使用的封面原画（与第2世纪第45号颜色不同）成为第2世纪第53号的封面。这是花森安治经手的最后一期封面。编辑后记《编辑的手帖》由大桥镇子执笔撰写《主编花森安治其人》一文。主要悼文有酒井宽《追悼花森安治——为庶民生活带来强烈影响》（《朝日新闻》1月15日）、鹤见俊辅《追忆花森安治氏》（《朝日新闻》1月18日）、山本夏彦《追悼花森安治——男人的夙愿》（《京都新闻》等，1月18日）、樋口惠子《追悼花森安治——无可替代的战士之死》（《爱媛新闻》等，1月18日）、松田道雄《与花森安治的交往》（《每日新闻》1月20日）、杉浦明平《追悼花森安治之死——

有毅力、不妥协的战斗》(《图书新闻》1月20日)、山口瞳《男性自身——花森安治》(《周刊新潮》2月16日、23日号)等。

第2世纪第52号刊登《关于人的手》(绝笔)。

1986　昭和六十一年　《生活手帖》迎来第3世纪。发行了第1号。

1988　昭和六十三年　酒井宽著作《花森安治的工作》(朝日新闻社)出版。

1994　平成六年　举办"花森安治《生活手帖》封面原画展"(5月28日至6月30日,东京,生活手帖社别馆)。这是花森安治去世后的首次封面原画展。

1997　平成九年　唐泽平吉《花森安治的编辑部》(晶文社)出版。

1998　平成十年　第3世纪第76号出版,内容为创刊五十周年纪念特辑《这五十年,发生的五十件事》。

2002　平成十四年　举办"花森安治与《生活手帖》展"(6月26日至7月2日,东京,银座平面设计画廊)。

9月,《生活手帖》总计出版三百期。

12月,《生活手帖》迎来第4世纪,发行第1号。《生活手帖保存版Ⅰ·300号特别纪念号》发行。

2003　平成十五年　12月,生活手帖社迁往北新宿。

2006　平成十八年　举办"花森安治与《生活手帖》展"(2月4日至4月9日,东京,世田谷文学馆)

2008　平成二十年

◎《生活的眼镜》(中公文库)出版

2010　平成二十二年　大桥镇子著作《〈生活手帖〉与我》(生活手帖社)出版。

2011　平成二十三年

◎《花森安治讽刺文集》(全三卷)(LLP Bookend)出版

马场诚著作《花森安治的青春》(白水社)出版。

酒井宽著作《花森安治的工作》(生活手帖社)变更出版方,以新外观出版。

《花森安治的设计》(生活手帖社)出版。

《文艺别册·花森安治——美好"生活"的创始者》(河出书房新社)出版。

2012　平成二十四年　举办"生活与设计:《生活手帖》

花森安治的世界展"(2月24日至4月9日,岛根县立美术馆)。

举办"花森安治与《生活手帖》展"(6月30日至9月2日,世田谷美术馆)。

◎《社会时评集·花森安治·昨日今日》(LLP Bookend)出版

◎《花森安治集·服装、和服篇》和《花森安治集·漫画、电影以及自己的事篇》(LLP Bookend)出版

2013　平成二十五年　举办"战争期间与战后的战病者——两次退伍:花森安治的经历展"(3月20日至5月12日,东京,承继馆)。

◎《花森安治集·战争、厨房、政治篇》(LPP Bookend)出版

◎《点亮灯火的话语》(铃木正幸编著、土井蓝生监修,河出书房新社)出版